Die Erfahrungen eines Mannes   Peter Heilmann

„#METOO"

Die Erfahrungen eines Mannes   Peter Heilmann

„#METOO"

Impressum:

Bibliografische Information der Deutschen Nationalbibliothek: Die Deutsche Nationalbibliothek verzeichnet diese Publikation in der Deutschen Nationalbibliografie; detaillierte bibliografische Daten sind im Internet über dnb.dnb.de abrufbar.

Verlag: BoD · Books on Demand GmbH, In de Tarpen 42,

22848 Norderstedt, bod@bod.de

Druck: Libri Plureos GmbH, Friedensallee 273,

22763 Hamburg

ISBN: 978-3-8391-3685-0

Inhaltsverzeichnis

Über den Autor

Dieses Buch beschreibt meine Erlebnisse als Mann. Es sind viele kleine Geschichten und Begebenheiten, welche sich wie ein Puzzle zusammenfügen und ein Gesamtbild ergeben.

Ich gehöre zur Gruppe der **WO(M)MU** (White Old Maskulin (Married) Ugly), also zu den Männern mit den grauen Haaren. Diese sind an allem Übel der Welt schuld, belästigen anscheinend permanent Frauen, sind gierige Unternehmer und von Grund auf schlecht.

Es ist heute eines der wichtigsten Dogmas unserer Gesellschaft, dass deutsche Frauen ständig unterdrückt und benachteiligt sind. Deutsche Frauen sind die armen Opfer unserer patriarchischen Gesellschaft. Dass Frauen gut, emotional, kompetent sind und Männer grundsätzlich schlecht und dumpf wird uns ständig und stetig eingetrichtert und gilt als absolute Wahrheit.

Ich heiße natürlich nicht Peter Heilmann. Es ist mir ein zu großes Risiko, in unserem Land Geschichten und Erlebnisse, welche nicht in ein „Woke" und feministisches Weltbild passen offen zu sagen. Wir landen mit einer eigenen Meinung nicht im Gefängnis, wie in einer Diktatur. In Deutschland werden Menschen mit einem gesunden Menschenverstand, welche ihre Meinung sagen oder ihre Erlebnisse schildern, ausgegrenzt und fertig gemacht.

Peter Heilmann

Vorwort:

#MeToo ist in aller Munde. Nahezu täglich prasseln Nachrichten über üble Männer, welche Frauen belästigen auf uns ein. Sobald eine Frau behauptet, dass sie belästigt worden sei, wird der Mann vorverurteilt, ist beruflich erledigt und ohne Gerichtsverfahren zum Aussätzigen ernannt. Die Beweislast ist umgekehrt. Es ist schwer nachzuweisen, dass keine Belästigung aufgetreten ist.

In diesem Buch werde ich meine persönlichen Erfahrungen schildern. Danach will ich einige Tatsachen und öffentlich zugängige Fakten aufzeigen. Das einseitige Bild, das unsere Medien aufzeichnen, ist für mich nicht stimmig. Es wirkt wie ein Gift, das allmählich in unsere Gesellschaft einsickert.

Junge Frauen sind es leid, durch den Feminismus in eine passive Opferrolle gedrückt zu werden. Sie lehnen die Bevorzugung von Frauen aufgrund des Geschlechtes und die Bevormundung durch den Feminismus ab. Sie wollen ihre eigene Leistung honoriert und anerkannt bekommen. Sie sind stark genug, und brauchen keine ständige Förderung.

Gewalt oder Druck auf andere Menschen ist immer zu verurteilen. Die Gesellschaft besteht aus Frauen und Männern. Wenn bereits Kindern männlichen Geschlechts beigebracht wird, dass Männer schlecht, dumm und unwertig sind, brauchen wir uns über die Millionen männlicher Alkoholiker, das Wahlverhalten und die hohe Selbstmordrate bei Jungen und Männern nicht zu wundern. Diese pauschale Diskriminierung zerstört die Basis unserer Gesellschaft.

Ich hoffe, dass dieses Buch gut zu lesen ist und aufgrund der Beispiele, meiner persönlichen Erfahrungen und der aufgeführten Fakten zum Nachdenken anregt.

Persönliche Erfahrungen

In diesem Kapitel will ich meine persönlichen Erfahrungen schildern. Es ist eine Aneinanderreihung von verschiedenen Geschehnissen, die jedoch für mein Leben und das Leben anderer Menschen einschneidend waren.

Wir sammeln in unserem Leben viele Erlebnisse, die uns prägen und zu einem späteren Zeitpunkt auch unsere Handlungsweisen bestimmen. Wer als Beispiel den Umgang der Jugendämter mit den Vätern erlebt hat oder die ungerechten Gerichtsurteile, die aufgrund des Geschlechtes erfolgen, der ist auch Demokratie und Rechtsstaat geschädigt. In einem Rechtsstaat sollten die Menschen gleich sein und Gerichte aufgrund der Gesetzeslage entscheiden. Dass heute allerdings viele Gesetze einseitig die Frauen begünstigen, erschwert die Wahrheitsfindung und verletzt das Gerechtigkeitsgefühl von Männern als auch von Frauen.

Werden Männer ungerechtfertigt aufgrund ihres Geschlechtes verurteilt, abgestraft oder enteignet, dann leiden oft auch deren Frauen.

Das Trio – drei Jugendfreunde

Als ich fünfzehn Jahre alt war und in die Realschule ging, waren wir drei unzertrennliche Freunde. Wir waren in derselben Klasse und verbrachten auch unsere Freizeit zusammen. Behutsam begannen wir auch erste Kontakte mit Mädchen. Allerdings hatte noch keiner von uns sexuelle Kontakte.

Eines Montags nach den Pfingstferien kam unser Freund, der Reimund mit übernächtigten Augen in die Schule. Er war mit seinen Eltern die Ferien über auf einem Campingplatz gewesen. Seine Eltern hatten einen Camping Anhänger, mit denen sie fast jede Ferien unterwegs waren.

Es ging ihm mental sehr schlecht. Er konnte nicht mehr schlafen und wachte nachts schweißgebadet auf.

Der Reimund war auf dem Campinglatz von zwei Frauen um die vierzig in einen Wohnwagen gelockt worden. Dort hatten die beiden Frauen sich an ihm vergnügt. Wir Jungen dachten, dass das doch eine sehr gute Erfahrung wäre. Mit einer älteren Frau zu schlafen und Erfahrung zu sammeln, erschien uns nicht als negativ.

Bei einem fünfzehn Jährigem schwillt der Penis bei manueller Simulation schnell an. Dies bedeutet in diesem Alter keinesfalls ein Einverständnis für Sex.

Er erzählte uns: *„Die Frauen zogen mir die Hose herunter und legen mich auf das Camping Bett. Sie streichelten meine Innenschenkel der Beine und den Hoden. Sie zogen an meinem Penis, bis er fest war. Eine der Frauen setze sich auf mich und führte meinen Penis ein.*

Als die erste fertig war und ihren Orgasmus hatte, setze sich die zweite auf mich und führte sich den Penis ein.

Die Frauen setzten sich auf auch mein Gesicht und forderte mich auf, an ihrem Geschlechtsteil zu lecken und die Zunge einzuführen. Als ich nicht wollte, zwickten die beiden mich und eine schlug mir ins Gesicht."

Die Frauen vergingen sich an dem Jungen mehrmals. Als er nach Stunden aus dem Wohnwagen entkam, war für ihn seine heile Welt zusammengebrochen.

Als wir Jugendliche die ganze Geschichte hörten, staunten wir. Es passte so gar nicht zu unserem Bild des starken Mannes und den sanften Frauen.

Der Freund hatte Probleme, die Gewaltanwendung zu verarbeiten. Für junge Männer waren damals, genauso wie heute die Hilfsangebote gering. Wir versuchten ihm zu helfen, aber wir waren als Freunde überfordert. Da er sich immer mehr zurückzog, wurde er für uns immer unerreichbarer. Er schaffte das Schuljahr nicht, denn die Noten verschlechterten sich rapide. Er schmiss damals die Schule und sein Leben hat keinen guten Verlauf genommen. Wir haben uns aus den Augen verloren. Ich hörte, dass er in die Rauschgift Szene abgeglitten ist.

Nehmen wir einmal an, der Junge würde sich einem Lehrer oder Betreuer anvertrauen. Wie würde dies heute vor einem Gericht gewertet? Vor deutschen Gerichten sind alle Menschen gleich, aber nicht gleich glaubhaft. Beamte sind am glaubhaftesten und in zweiter Priorität Frauen. Steht eine Aussage Frau gegen Mann oder Junge, so hat ein Junge aufgrund seines Geschlechtes weniger Glaubwürdigkeit vor Gericht.

Die beiden Frauen würden sehr wahrscheinlich der Richterin erzählen, dass der Junge sie bedrängt hätte. Dieser würde mit viel Glück ohne Jugendstrafe aus der Situation kommen.

Eine zugeschaltete Psychologin, würde versuchen, den lügenden Jungen zu therapieren. Frauen machen solche Taten per Definition nicht. Deshalb muss der Junge lügen, was auf eine massive psychische Störung hindeutet. Die Psychologin würde also ein Gutachten schreiben, dass der Junge unglaubwürdig, psychisch gestört und zusätzlich therapieresistent ist.

Nehmen wir einmal an, der Fall wäre umgekehrt und zwei Männer hätten ein fünfzehnjähriges Mädchen missbraucht. Dieser Fall würde durch die Presse breitgetreten, die Existenz beider Männer wäre ruiniert und eine mehrjährige Gefängnisstrafe ausgesprochen.

Es ist also ein großer Unterschied in der Rechtsprechung, der Presse und der Betrachtungsweise, ob ein Junge oder ein Mädchen missbraucht wird.

Zwei Jahre später hörte ich eine ähnliche Geschichte von zwei Brüdern. Beide erzählten, dass sie von Frauen missbraucht worden waren. Sie hatten von Frauen und Mädchen erstmal genug. Beide waren stark belastet und verließen die Schule ohne Abschluss. Ich habe sie aus den Augen verloren.

In den Statistiken sieht dies jedoch ganz anders aus. Ich vermute, dass der Missbrauch von Jungen im Unterschied zu Missbrauch von Mädchen kaum zur Anzeige kommt.

Es gibt eine laue und ungenaue Statistik, dass etwa 10% der Missbrauchsfälle Jungen oder Männer betreffen. Wenn wir von einer großen Dunkelziffer ausgehen, werden etwa 30 – 40 % der Missbrauchsfälle an Jungen oder Männern verübt. Pädophile Männer missbrauchen meist Jungen, denn es geht um Dominanz und Machtdemonstration. Missbrauchte Jungen werden später oft selbst Täter.

In der Presse werden Missbrauchsfälle von Jungen kaum veröffentlicht und sind anscheinend von geringem Interesse. Dies führt mit anderen Gründen dazu, dass der Missbrauch von Jungen und Männern kaum wahrgenommen wird. Hilfsangebote gibt es vor allem für Frauen und Mädchen.

Markus und das Jugendamt

Unser Freund Markus war ein begnadeter IT-Spezialist. Wir schätzten sehr seine korrekte Art und seinen Willen, IT-Probleme gründlich zu lösen.

Er war leider nicht allzu lebensklug. Als er eine neue Freundin hatte, warnten wir ihn vorsichtig vor der Heirat. Sind es die Hormone, also reine Chemie, die unser Hirn vernebeln, wenn wir verliebt sind?

Das Aussehen der Freundin war uns nicht wichtig; ihre Gewohnheiten und die Drogenaffinität sehr wohl. Für ihn war es anziehend, wenn die Freundin Stoff nahm und die beiden dann außergewöhnlichen Sex hatten. Ich fand zu der Zeit eine Konserve mit Gleitmittel im Handschuhfach des Geschäftswagens.

„Fisting" nennt man die Sexpraktiken, bei denen die ganze Hand eingeführt wird. Die beiden waren anscheinend in einer Gruppe junger Leute, welche diese Praktiken gemeinsam durchführten.

Eine Ehe jedoch ist nicht ein kurzes Vergnügen, sondern ähnelt einem Dauerlauf. Die Ehefrau hatte die verschiedensten Jobs, welche alle dadurch gekennzeichnet waren, dass keine Ausbildung nötig war. Die meiste Zeit war sie arbeitslos.

Sie rauchte und trank auch während der Schwangerschaft. In den ersten zwei Jahren der Ehe kamen zwei Mädchen zur Welt. Eines der Mädchen hatte einen Herzfehler.

Mittags gab es Essen vom Döner Stand. Dieser war direkt vor der Mietswohnung auf der gegenüberliegenden Straße. Der Drogenkonsum nahm durch die Kinder zu statt ab und die Ehefrau verbrachte Wochen im naheliegenden Bezirkskrankenhaus.

Die Scheidung stand an, denn die Zustände in der Wohnung, mit den Mädchen und auch der Ehe waren unzumutbar geworden.

Unser Freund lerne eine neue Frau kennen. Die neue Frau, solide und drogenfrei, wollte auch die beiden Kinder mitversorgten.

Die Noch Ehefrau schaltete sich das Jugendamt ein, welches sogleich die Kinder vereinnahmte. Die Ehefrau war psychotisch, nahm Drogen und war in Behandlung im Bezirkskrankenhaus.

Das Jugendamt gab Markus vierundzwanzig Stunden um besondere Nachweise zu erbringen; was unmöglich war. Die Chefin des Jugendamtes war eine Frau, sowie die Sachbearbeiterinnen. Die Kinder und das Kindeswohl waren Nebensache. Das Dogma, dass die leibliche Mutter immer besser für die Kinder ist als jeglicher Vater war so dominant, dass die Mädchen der kranken und nahezu verwahrlosten Mutter zugesprochen wurden.

„Frauen müssen zusammenhalten, auch zum Schaden des Kindes". Jugendämter entscheiden in der Regel nicht zu Gunsten der Kinder, sondern zu Gunsten der Mütter gegen die Väter.

Es gibt in Deutschland ein Ministerium für Familie, Frauen, Senioren und Jugend. Das Ministerium vertritt leider keinerlei Interessen von Männern. Allenfalls als Zahler sind Männer in den Familien geduldet.

Wir wundern uns heute, warum viele Männer zur Familiengründung nicht mehr zur Verfügung stehen. Die meisten Männer haben im Bekanntenkreis ähnliche Fälle, bei denen die Väter Zahlmeister sind. Das Märchen von der alleinerziehenden, sitzengelassenen und armen ledigen Mutter wird leider von unserem Staatfernsehen immer noch verbreitet.

Ein weiterer Bekannter hatte ein Alkoholproblem, das zur Trennung von seiner Freundin führte. Die Freundin war für einen Rückfall verantwortlich, denn sie selbst war Cannabis Konsumentin. Das Jugendamt hat für den Vater einen Kontakt zu dem Kind unter Aufsicht vorgeschrieben. Der Mann änderte sein Leben und wurde trocken. Er hatte eine neue Beziehung und mit dieser neuen Frau weitere Kinder.

Obwohl der Mann nun seit Jahren trocken ist und sein Leben völlig geändert hat, verhindert das Jugendamt den Aufbau einer normalen Beziehung zu dem Kind. Der Vater darf das Kind eine Stunde pro Woche sehen. Dabei ist ein Mitarbeiter des Jugendamtes zugegen. Der männliche Aufpasser dokumentiert, was der Vater in der knappen Stunde macht. Wir sehen, dass die Jugendämter in der Überwachung von Vätern gute Arbeit machen.

Die Anträge auf Änderung und freien Umgang werden vom Jungendamt regelmäßig abgelehnt. Die frühere Freundin verhindert auch den Kontakt der Großeltern zu dem Enkel. Sie versucht so oft als möglich die Treffen des Vaters zu verhindern: „Das Kind ist mal krank, mal fährt sie in Urlaub, mal ist sie selbst krank."

Ich hatte vor kurzem ein Gespräch mit einer Patientin, welche selbst Sozial Pädagogin ist und im Jugendamt arbeitet. Sie hat mir bestätigt, dass die Mitarbeiter der Jugendämter sehr wohl ihre Aufgabe in der Unterstützung der Mütter sehen. Es herrscht im Familienministerium und auch allen untergeordneten Ämtern wie einem Jugendamt weitgehend Einigkeit, dass die Mütter wichtig für Kinder sind und Väter bestenfalls als Zahler eine Rolle spielen sollten.

Es ist inzwischen durch viele wissenschaftliche Studien bekannt, wie wichtig die Erziehung und der Einfluss beider Geschlechter auf das Reifen der Kinder ist. Dieses Wissen, basierend auf wissenschaftlichen Studien, prallt an feministischen Frauen, welche in erster Linie ihre Fraueninteressen durchsetzen wollen, vollkommen ab. Die Bedürfnisse der Kinder werden von den Jugendämtern nicht ausreichend berücksichtigt.

Laut Studienlage sind auch die Großeltern wichtig für die Entwicklung von Kindern. Das Urvertrauen ins Leben wird durch Großeltern gefördert. Die Enkel lernen durch den Umgang mit den Großeltern, dass wir im Leben kommen und gehen. Sie lernen, dass das Leben eine kurze Zeitspanne ist und keine Unendlichkeit. Großeltern können Ruhe und Stabilität ins Leben der Kinder einbringen.

Die Achtsamkeit im Leben und mit sich selbst, können Kinder gut von älteren Menschen lernen. Was ist wichtig im Leben, wie wichtig ist unser Leben und wie entwickeln wir uns. Großeltern können gute Beispiele sein; gute oder schlechte Vorbilder. Immer jedoch können Kinder von Großeltern lernen.

Der teure "One-Night-Stand"

Die Theresa, eine liebe Freundin von uns war 40 Jahre alt und wollte unbedingt ein Kind. Leider klappte es nicht mit einer festen Beziehung.

Theresa wollte keine anonyme Samen Spende. Es war ihr wichtig, den richtigen Samenspender zu kennen und selbst auszusuchen. Sie begann „One-Night-Stand" mit Schutz zu üben. Aufgrund ihrer medizinischen Kenntnisse konnte sie die Zyklus Mitte gut bestimmen. Sie wusste also genau, wann sie fruchtbar war. So ging sie an einem der fruchtbaren Tage wieder zur „One-Night-Stand Jagd.

Es war eine Bar, leicht per Fuß von ihrer Wohnung aus zu erreichen. Theresa konnte leicht einen Mann abschleppen. Sie war groß, schlank mit langen brünetten Haaren. Schwierig war es, den richtigen Samenspender für ihren Plan zu finden. Noch schwieriger war es für Theresa, einen Mann fürs Leben zu finden. Deshalb schwebte ihr die kleinere Lösung mit einem passenden Samenspender vor.

Der Samenspender sollte einen großen, breitschultrigen Körperbau haben und gesund sein. Natürlich gab es weitere weiche Faktoren wie ein guter Beruf, mäßiger Alkoholgenuss, wenig oder besser keine Drogen, sowie Sympathie

Nach etlichen Barabenden, welche zwar im Bett landeten aber nicht mit dem passenden Samenspendern, war Theresa fast schon am Aufgeben. Bei einem Barbesuch fand sie doch noch den idealen Kandidaten.

Theresa besuchte ihre Stamm - Bar und begrüßte die bekannten Gesichter.

An der Theke saß er, der hoffentlich richtige Kandidat. Er hieß Peter, war gut gebaut, hatte schwarze Haare ohne Bart und sah sehr gepflegt aus. Sie setzte sich neben ihn und bestellte, ohne ihn zunächst zu beachten. Peter begann zu flirten und sie begannen ein gutes Gespräch. Nach und nach konnte sie auch die weichen Fakten und Kriterien hinterfragen. Peter war Akademiker, Angestellter, guter Job, Nichtraucher, solo und mit Mittelklassewagen. Er erfüllte ihre Anforderungen und passte gut in ihr Weltbild. Er war bereits geschieden und zahlte Unterhalt für ein Kind. Daraus konnte sie schließen, dass er fruchtbar war.

Am späten Abend und nach dem obligatorischen Cocktail und Wein fragte sie Peter, ob er sie in ihre Wohnung begleiten würde. „Natürlich, gerne" war die Antwort: Es war anscheinend eine gute Nacht. Theresa hatte am nächsten Tag strahlende Augen mit leichten Augenringen. Es wunderte mich, dass ein junger Mann sorglos ungeschützten Sex mit einer Unbekannten hatte. Ich erfuhr erst einige Monate nach der Geburt, was sich in der Nacht zugetragen hatte.

Sie hatte dem jungen Mann gesagt, dass sie verhüten würde und seit langer Zeit schon keinen Sex mehr gehabt hätte. Trotzdem bestand Peter auf einem Kondom. Erst kurz vor dem zweiten Samenerguss konnte sie es bewerkstelligen, dass das Kondom herunterrutschte und er im Eifer des Gefechtes nichts bemerkte.

Sie war überglücklich, als wenige Wochen später die Schwangerschaft vom Arzt bestätigt wurde. Die Schwangerschaft verlief problemlos und sie konnte bis kurz vor der Geburt arbeiten. Bei der Geburt gab sie an: **Vater unbekannt**. Natürlich hatte sie sich den Namen und die Adresse notiert und aufgehoben.

Nach der Geburt lernte sie jedoch, dass es schwierig ist, allein ein Kind groß zu ziehen. Viele Frauen mit Kind und ohne Partner legen sich in Deutschland in die soziale Hängematte. Es muss ihr zugutegehalten werden, dass sie weiter zum Arbeiten ging.

Nach einem Jahr Kind und dem Zuspruch des Jugendamtes gab sie den Namen des Vaters preis. Der leibliche Vater wurde vom Jugendamt zu Zahlungen für das Kind verpflichtet.

Suprise ... surprise… Peter bekam ein Schreiben vom Jugendamt und musste seine finanzielle Situation offenlegen.

Im Bekanntenkreis wurde über den dummen Mann gelästert und gelacht. Die Frau wurde als klug und schlau empfunden. Ich war erstaunt über die hämischen Bemerkungen von vielen Frauen. Viele Männer im Bekanntenkreis hatten ebenfalls keine Sympathie oder Mitleid mit dem Samenspender und wunderten sich über seine Dummheit.

Peter beantragte ein geteiltes Sorgerecht und Zugang zu seinem Sohn. Sorgerecht oder Zugang zu seinem Sohn wurden Peter natürlich verwehrt. Er war ja ein Rabenvater, der sich ein Jahr nicht um das Kind gekümmert hatte. Ferner wurde Peter von einer Beamtin des Jugendamtes menschliche Unzulänglichkeit und ein fragwürdiger Character bescheinigt. Peter war sehr massiv beim Jugendamt vorstellig geworden, um wenigstens seinen Sohn regelmäßig sehen zu können.

Ich will mir kein Urteil anmaßen. Die Jugendämter sind dem Familienministerium (Familie und Frauen) untergeordnet. Dieses Ministerium vertritt Frauenrechte und ist nicht für den Gefühlszustand oder die Rechte von Männern zuständig. Der junge Mann leidet unter dieser Situation und er wird viele Jahre Alimente zahlen. Der Spaß einer Nacht ist nicht zu seinem Vorteil gewesen.

Vielleicht wäre eine Samenbank die bessere Lösung gewesen. Mit einem solchen Betrug ein neues Leben zu beginnen, erscheint mir für das Kind eine Vorbelastung. Wie wird der erwachsene Sohn reagieren und seine Mutter sehen, wenn er eines Tages die Wahrheit erfährt und vielleicht selbst seinen Vater kontaktiert.

Wenn Männer das Kondom weglassen, ist dies seit einiger Zeit durch eine Gesetzesänderung ein Strafbestand. Die unfreiwillige Samenspende ist legal und verhindert keineswegs den Anspruch des Kindes auf Unterhalt vom Vater.

Hätte der Mann eine Change die Frau zu verklagen?
Ich denke, dass jeder Richter oder Richterin in dem Fall die Beweislast bei dem Mann sehen würden und eine Anzeige ablehnen würden. Mit etwas Pech könnte der Mann sogar wegen
Stealthing verurteilt werden. Die Mutter müsste angeben, dass
er das Kondom ohne ihre Einwilligung weggelassen hat.

Was ist Stealthing? (Quelle: www.brak.de)

§ 177 Sexueller Übergriff; sexuelle Nötigung; Ver-
gewaltigung

(1) Wer gegen den erkennbaren Willen einer anderen Person se-
xuelle Handlungen an dieser Person vornimmt oder von ihr vor-
nehmen lässt oder diese Person zur Vornahme oder Duldung se-
xueller Handlungen an oder von einem Dritten bestimmt, wird mit
Freiheitsstrafe von sechs Monaten bis zu fünf Jahren bestraft.

Wenn ein Mann ein Kondom abstreift ohne die Einwilligung der
Partnerin, dann ist dies ein Übergriff im Sinne des **§ 177 Abs. 1
StGB** . Dies gilt auch, wenn der Sex einvernehmlich ist.

Die Erfahrung der bestehenden Gerichtsurteile ist sehr zugunsten der Frauen. Wenn also eine Frau hinterher behaupten würde,
dass der Mann das Kondom ohne Zustimmung abgezogen hat,
dann wird die Beweislast bei dem Mann liegen. Dieser Beweis
kann nicht erbracht werden.

Man stelle sich die Gerichtszene vor mit der weinenden Frau und
dem bösartigen Mann, welcher bei einem One-Night-Stand das
Kondom abgestreift haben soll. Jedes deutsche Gericht wird für
die Frau entscheiden.

Das Kind:

Ich besuchte die Freundin mit ihrem Kind. Natürlich hatte ich ein Geschenk für den Jungen dabei. Es war eine Duplo Eisenbahn. Er freute sich darüber. Als ich ihn bei dem Übergeben des Geschenkes berührte, begann er wie wild in völliger Panik zu schreien. Ich war entsetzt und konnte nicht verstehen, was passiert war?

Meine Freundin klärte mich auf. Um Missbrauch an den Kindern zu verhindern und vorzubeugen, werden diese im Kindergarten geschult. Sie sollen sofort loszubrüllen, wenn ein fremder Mann das Kind berührt. Oh sagte ich, das ist eine komische Art und Weise, die Kinder auf Missbrauch zu sensibilisieren.

Der Junge kann natürlich nicht zwischen einem wirklichen Missbrauch und einer Berührung beim Geschenk übergeben unterscheiden. Es muss ein schockierendes Erlebnis für ihn gewesen sein. Er mied während des Besuches meine Nähe.

Diese Anordnung wurde in dem katholischen Kindergarten konsequent umgesetzt. Die Kinder durften auch von den Erziehern nicht berührt werden. Der Bischof hatte in seiner Weisheit und Güte diese Verfügung, welche für alle Kindergärten der Diözese gilt, veranlasst. Wie gut, dass es in der katholischen Kirche so viele Spezialisten für Missbrauch gibt.

Zinnober – nur für Frauen

Eine Anzeige in der Tageszeitung war interessant:
„Mittwoch 19:00 Vortrag über Schamanismus in Russland"

Meine Frau war begeistert und wir gingen zu dem interessanten Vortrag. Zinnober hieß die Gruppe Frauen, welche ein altes Haus mit Unterstützung der Stadt gemietet hatten. Fortschrittliche Männer, welche die Befreiung der armen deutschen Frauen unterstützen wollten, hatten das Haus für die Frauen renoviert. In dem Haus trafen sich feministische und unterdrückte Frauen, tauschten sich aus und organisierten Vorträge.

Selbstverständlich bekam die Frauengruppe einen erheblichen Zuschuss von der Stadt. Für die Förderung von Frauenarbeit ist immer genug Geld vorhanden.

Im Vortragssaal war ich der einzige Mann. Ich kannte allerdings viele der anderen Besucherinnen und saß etwa in der Mitte des Saals neben meiner Frau. Die Organisatorin kam zu mir und forderte mich auf, den Saal zu verlassen. Als ich den Grund erfragte, kam als Antwort: „Wir wollen bei unseren Vorträgen keine Männer!".

In der Anzeige stand jedoch nicht, dass der Vortrag nur für Frauen gedacht war. Als ich zögerte, drohe die Organisatorin mit der Polizei. Natürlich verließ ich den Saal. Meine Frau wollte alleine auch nicht zuhören und war empört. Die anderen Frauen schauten weg oder interessiert zu. Niemand im Saal wunderte sich oder ergriff Partei für mich.

Ich sprach hinterher mit einigen der Besucherinnen, welche ich gut kenne. Sie fanden es völlig normal, dass ein Mann des Saals verwiesen wird. Eine Nachbarin war auch in dem Vortrag und schwärmte, dass die Atmosphäre sehr gut und die Schwingungsenergie im Saal intensiv war. Männer würden die Schwingungsenergie blockieren!

Die Anne-Marie, eine Nachbarin sagte ehrlich und offen zu mir: „Schamanismus ist eine reine Frauenangelegenheit! Männer sind rein vom Gefühlsleben her nicht in der Lage, Stimmungen und Schwingungen aufzunehmen. Ein männlicher Besucher hätte nicht zu dem Vortrag gepasst!"

In dem Vortrag ging es um Schamanismus in Russland und das Leben eines Schamanen (Mann) wurde aufgezeigt.

Nur für Frauen ist erwünscht:
Es gibt eine Frauensauna, politische Runden in der nahen Kreisstadt nur für Frauen, Frauentreffen, Fitness nur für Frauen und wie ich erlebte auch Vorträge, nur für Frauen.

„Nur für Männer" ist verboten

Es gibt soweit mein Wissen im Umkreis von 25 km keinen Saunatag mehr für Männer, keinen Männer Club, keine Treffen nur für Männer und keine Männervereine. Selbst im Fußball trainieren in den Vereinen inzwischen Frauen und Männer gemeinsam.

Vor vielen Jahren haben Gerichte entschieden, dass sich Männer nicht abschotten dürfen, denn das verstößt gegen die Gleichberechtigung. Bei Frauen ist dies erlaubt, denn Frauen sind ja benachteiligt, Opfer, keusch und wollen in der Sauna nicht den lüsternen Blicken von Männern ausgesetzt sein.

Früher gab es in der nahen Kreisstadt einen Sauna Tag für Männer. Dieser wurde nach Protesten abgeschafft. Ich kenne etliche Bierbauch Männer und auch behinderte Männer, die nicht in gemischtes Saunen gehen. Sie genieren sich.

Diese Bekannten fahren lieber in eine weiter entfernte Stadt, wo es noch einen Sauna Tag für Männer gibt. An diesem Sauna Tag ist ein Teilbereich der Sauna Männern vorbehalten. Wir werden sehen, wie lange diese Sauna diese Trennung noch durchhält oder nach Protesten von militanten Frauen diesen geschützten Bereich für Männer aufgeben muss.

1949 wurde die **Gleichberechtigung im Grundgesetz** festgehalten. Ich denke, dass es noch dauern wird, bis wir in Deutschland die kranken deutschen Vorstellungen von „Gleichberechtigung" durchgesetzt haben.

Die deutsche Vorstellung von Gleichberechtigung:
- Jungen sollten möglichst ohne Schulabschluss ins Leben gehen. Abitur und Studium ist für Frauen.
- Männer vorwiegend in den schlecht bezahlten und schmutzigen Männerberufen wie Handwerk, Müllabfuhr,
- In gutbezahlten Berufen wie in der öffentlichen Verwaltung gemäß dem Bundesgleichstellungsgesetz einen Frauenanteil von 100%
- In den gut bezahlten Berufen wie Ärzte, Tierärzte, Therapeuten, Erzieher, Lehrer ist der Frauenanteil bereits bei 80% und das Ziel eines Frauenanteils von 100% in greifbare Nähe gerückt. Durch die einseitige Förderung von Mädchen und Benachteiligung von Jungen in den Schulen ist der Anteil der Abiturientinnen deutlich über 50% angewachsen.

In Berlin -Schöneberg eröffnete kürzlich ein Café nur für Frauen. Begründung für die Beschränkung der Besucher auf Frauen ist, dass Männer immer Frauen anglotzen und anmachen.

Jahrzehntelang wurde in Deutschland jedes Café, jedes Treffen oder jeder Club für Männer verklagt und musste sich für Frauen öffnen aus Gründen der Gleichberechtigung.

Reine Frauentreffen, Cafés und Fitness Studios für Frauen sind in unserer Gesellschaft akzeptiert. Ausschluss von Männern ist also im Rahmen der Gleichberechtigung erlaubt. Der Ausschluss von Frauen verstößt jedoch gegen die Gleichberechtigung. Unsere Rechtsprechung und besonders die öffentlich-rechtlichen Rundfunkanstalten haben ein sehr einseitiges Verständnis von Gleichberechtigung.

Auch im deutschen Schulsystem und besonders in Bayern gibt es deutlich mehr Mädchen Schulen. Aus Gründen der Gleichberechtigung haben sich die früheren Knaben Schulen auch für Mädchen geöffnet. Umgekehrt wird eine Notwendigkeit für reine Mädchenschulen durch das Verhalten von Jungen begründet.

Das blutige Männergesicht

Ein guter Freund, der Peter hat einen Bekannten, der ab und an mitkommt, aber den ich nicht sonderlich gut leiden konnte. Sie kennen dieses Gefühl wahrscheinlich, wenn sie mit einem Freund am Tresen sitzen, ein Bier trinken und ein weiterer Bekannter vorbei schneit, der sich breit macht und das Gespräch an sich reißt. Ich war immer froh, wenn der Klaus, so heißt der Bekannte wieder ging oder gar nicht kam.

Nachdem ich die Lebensgeschichte vom Klaus hörte, änderte ich meine Meinung. Der Mann war ein Kasten von Mann, breitschultrig, Stierschädel und mit Kraft gesegnet; ein guter und fleißiger Handwerker. Ich stellte mir vor, wie der Klaus wohl dicke Tannen ausreißen kann.

Eines Tages ging Klaus zur Polizei und wollte eine Anzeige machen. Seine Frau schlug ihn regelmäßig. Sie hatte ihn wieder blutig geschlagen. Klaus wusste nicht mehr, wo er hingehen konnte oder wo er Hilfe bekommen könnte. So nahm es allen Mut zusammen und ging zur Polizei, um eine Anzeige zu machen.

Stellen Sie sich einen Kasten von Mann vor, der zur Polizei geht und eine Anzeige wegen häuslicher Gewalt seiner Frau machen will. Die Polizisten lachten Klaus aus und schickten ihn nach Hause: „Er solle sich doch bitte eine bessere Geschichte ausdenken. Wahrscheinlich hatte er zu viel getrunken und meinte, die Polizei veräppeln zu können." Verzweifelt ging Klaus wieder nach Hause.

Polizisten lachen über einen verprügelten Mann

Der Klaus wehrte sich nicht gegen seine Frau, er war dazu nicht fähig. Er hatte seit Jahren immer wieder Prügel bezogen. Die Frau war kleiner, zierlich und schaute liebevoll und attraktiv aus. Ich wollte es nicht glauben und redete mit dem Klaus. Meine Vorurteile und Abneigung gegen ihn wichen einem Gefühl von Ohnmacht und Mitleid. Es gab keine Anlaufstelle für Gewalt gegen Männer in unserer Stadt. Dafür werden auch keine Gelder bereitgestellt.

Mein Freund, der Peter half dem Klaus, die Frau zu verlassen. Klaus wohnte einzige Zeit bei Peter, bis er eine eigene Wohnung fand. Für mich war es interessant, dass der Mann sich nicht gegen die Gewalt der Frau wehrt. Männer werden von klein auf erzogen, dass Frauen nicht geschlagen werden dürfen. Für viele stellt es eine große Hürde dar, sich zu wehren. Dies verstößt gegen den Ehren-Kodex unserer Gesellschaft.

Ferner werden Männer, welche von ihren Frauen geschlagen werden als minderwertig, und selbst schuld abqualifiziert. Die Konsequenzen sind, dass ein Mann selbst seinem besten Freund, die erduldete häusliche Gewalt nicht mitteilen wird. Erst wenn die Zustände untragbar werden oder die Verletzungen sich nicht mehr verbergen lassen outet sich solch ein Opfer. Gewalt kann auch ein ständiges Heruntersetzen und Schikanieren des Mannes durch die Lebensgefährtin sein. Psychische Gewalt geht meist von Frauen aus. Dieser Missbrauch kann noch schlechter nachgewiesen werden und es ist den Opfern sehr schwer, aus der Spirale der Gewalt zu entkommen.

Tauschen wir die Geschlechter und stellen uns vor, eine Frau mit blutigem Gesicht erscheint auf der Polizeiwache und will eine Anzeige machen. Die Polizei würde die Frau ins Krankenhaus fahren, Beweise sichern und die Anzeige aufnehmen.

Der Täter wäre sehr schnell in Untersuchungshaft. Die Frau könnte in ein Frauenhaus ziehen, wäre liebevoll umsorgt. In der Zeitung würde ein Artikel erscheinen: „Schon wieder Gewalt gegen eine Frau."

Ein Sonderfall wäre es, wenn der Mann unter Drogen – oder Alkoholeinfluss zugeschlagen hätte. Da lauf Bayerischem Innenminister der Alkohol und damit auch die Alkoholerkrankung Teil unserer Tradition ist, würde der Mann ein mildes Urteil erwarten.

Laut Studienlage sind 80 – 90 % aller Gewaltanwendungen gegen Frauen Alkoholdelikte. Durch den Alkohol wird die eingebaute Hemmschwelle bei Männern abgebaut und die Männer schlagen zu. Die Gewalt gegen Frauen könnte durch strengere Alkoholgesetze deutlich und schnell gesenkt werden.

Man sieht an den Fällen der häuslichen Gewalt, wie unterschiedlich Gewalt gegen Männer und Frauen behandelt wird. Die Politiker und die Wohlfahrts Verbände haben keinerlei Interesse die Ursachen der Gewalt gegen Frauen zu reduzieren. Würden wir in Deutschland den Alkohol Missbrauch eindämmen, so würde sich die Gewalt gegen Frauen drastisch reduzieren. Es lässt sich an den Frauenhäusern und der Betreuung der armen Opferfrauen prächtig verdienen. Ich vermute, dass den Frauen eine gewaltfreie Ehe ohne Alkohol lieber wäre.

Ferner ist das Alkohol Problem in unserer Gesellschaft vorwiegend ein Männerproblem und damit weitgehend egal, denn Männer haben in Deutschland keine Lobby. Die sekundären Konsequenzen für die Frauen werden nicht beachtet.

Alkoholkonsum in Deutschland wird staatlich unterstützt und gefördert. Dies belastet unser Gesundheitssystem. Die Alkohol Steuer beträgt weniger als 10% der Kosten für alkoholbedingte Krankheiten.

Die Wohlfahrtsverbände brauchen viele Opfer um Zuschüsse abzugraben. Stellen wir uns vor, die Politik würde Maßnahmen ergreifen, um den Alkoholkonsum einzudämmen und die Gewalt gegen Frauen würde drastisch zurückgehen. Das wäre eine wirtschaftliche Katastrophe für die Wohlfahrtsverbände. Es werden höhere Strafen gegen die Männer gefordert, statt der Hauptursache nachzugehen.

Ist Alkohol strafmildernd?

Ab einer Blutalkoholkonzentration von 2,0 Promille kann eine verminderte Schuldfähigkeit vorliegen. Unter 2,0 Promille gilt eine Person hingegen als voll schuldfähig.

Kann Alkohol zur Schuldunfähigkeit führen?

Eine Schuldunfähigkeit wird regelmäßig ab 3,0 Promille anerkannt.

Wir hatten früher eine Spitzmischling Hündin. Diese spielte gerne mit Rüden, aber nicht mit allen. Selbst große Rüden, die unser kleiner Spitzmischling nicht leiden konnte, ließen sich von ihr vertreiben oder weg beißen. Die Natur hat hier bei den Säugetieren einen Mechanismus eingebaut, der Frauen und weibliche Tiere schützt. In der Natur ist die Fortpflanzung einer Art wichtig.

Der Uni Professor

Der Thomas war vor der Pensionierung Professor an einer deutschen Universität. Er erzählte mir folgendes Erlebnis aus seiner Zeit an der Universität.

Wenn in Bayern eine Professur vergeben wird, erstellt die Universität eine Vorschlagsliste. Aus dieser Vorschlagsliste wird ein Minister der Landesregierung einen der Namen auswählen. Aufgrund dieser Auswahl wird dann die Professur an den glücklichen Auserwählten vergeben.

In unseren deutschen Universitäten werden üblicherweise für die Forschenden Zeitverträge vergeben. Wir haben dieses Prinzip der Zeitverträge, damit hochqualifizierte Forscher einfach und unbeschwert in andere Länder mit besseren Bedingungen für die Forschung auswandern können. Die Abwanderung von Hochqualifizierten wird in Deutschland gefördert.

Der Zeitvertrag vom Thomas, der bereits den Doktortitel erworben hatte, lief aus und er bewarb sich für die Professur. Auf der Liste, welche dem Minister vorgelegt wurde, standen drei Männer, welche geeignet waren. Mein Freund war auf Listenplatz eins und hatte die beste Eignung für die Aufgabe. Der Minister wies die Liste zurück, weil er wenigstens eine Frau auf der Liste sehen wollte. Er wollte den Eindruck, dass nur Männer die Change auf die Professur haben, vermeiden.

Die Universität konnte keine geeignete Bewerberin mit entsprechender Qualifikation finden. Das Kollegium setzte eine ungeeignete Kandidatin ohne ausreichende Qualifikation auf die Liste. Der Minister wählte unabhängig von der Eignung und der Qualifikation die Frau auf der Liste. Sie bekam die Professuren.

Glücklicherweise bekam Thomas ein Jahr später eine andere Professur und seine Geldsorgen lösten sich.

Wir haben an unseren Universitäten leider eine Auswahl von Professoren und Forschenden, welche geschlechtsdominiert statt qualifikationsdominiert ist. Das bedeutet, dass unsere Universitäten nicht die besten Forscher und Spitzenkräfte bekommen, sondern meist Mittelmaß. Leider ist auch das Parteibuch ein weiterer wichtiger Auswahlfaktor.

Im Fernsehen kam vor einiger Zeit eine Dokumentation über die Gleichberechtigung an einer Universität. Die Gleichstellungsbeauftragte beklagte, dass immer noch knapp mehr als die Hälfte der Professoren Männer sind. Es gab aber einen großen Unterscheid in der Alterspyramide. Die männlichen Professoren waren vorwiegend über fünfzig Jahre alt. Unter Fünfzig waren 75% der Professoren Frauen. Der Frauenanteil der Beschäftigten insgesamt war bereits auf über 70 % angewachsen. Würden Geleichstellungsbeauftragte ihre Arbeit korrekt machen, dann sollte ein 50% Anteil der beiden Geschlechter in den jeweiligen Berufen angestrebt werden.

In USA wird die Besetzung und die Auswahl der Spitzenkräfte an Universitäten sehr selektiv betrieben. Spitzenkräfte versucht man an den Forschungsinstituten zu halten und durch gute Verträge zu binden. Frauen haben dieselben Chancen wie Männer, aber keine Bevorzugung aufgrund des Geschlechtes.

Als ich Jungingenieur war, gab es in Deutschland noch viele Erfindungen. Diese wurden aufgrund der ungünstigen Bedingungen in unserer Industrie (hohe Steuer, Bürokratie, Umweltauflagen etc.) oft im Ausland zur Marktreife weiterentwickelt. (Mikroprozessoren, Magnetschwebebahn, MP3). Heute ist Deutschland als Erfinderland sowie als Technologiestandort weit abgeschlagen.

Eine Auswahl rein nach Qualifikation und der Eignung für eine Professur würde es den Universtäten erlauben, die Besten zu bekommen. Dies ist jedoch gemäß Gleichstellungsgesetz ausgeschlossen.

Die einseitige Bevorzugung von Frauen nahezu unabhängig vom Wissen, der Erfahrung und der Eignung für eine Professur an deutschen Universitäten ist einer der weichen Faktoren, warum Deutschland heute als Forschungsnation zweitklassig geworden ist.

Es ist auch sinnvoll, den Universitäten die Möglichkeit zu geben, Spitzenkräfte langfristig zu halten. Die üblichen ein oder zwei Jahre laufenden Zeitverträge sind Gift für eine kontinuierliche und langfristige Forschung.

Bands und Volksmusik

Ist ihnen schon einmal aufgefallen, dass es kaum noch Bands gibt, welche nur aus Männern bestehen? Sehr häufig ist die Sängerin der Bands weiblich. Mir persönlich sind gemischte Bands lieber als reine Männer oder Frauenbands.

Ich habe es erlebt, dass nach einer Vorstellung einer Männerband hinterher ein Shit-Storm erfolgte. Der Artikel in der Tageszeitung war nicht positiv. Die Zusammensetzung mit 100% Männeranteil wurde als „Macho" und nicht mehr zeitgemäß und frauenfeindlich interpretiert. In der Folge gab es Leserbriefe, welche die Band aufgrund von Frauenfeindlichkeit abqualifizierten.

Mit etwas Pech für die Band meldeten sich auch frühere weibliche Fans, welche von Übergriffen und schlechten Erlebnissen durch die Männerband berichteten. Stellen sie sich einmal vor, eines der Bandmitglieder hat einem weiblichen Fan eine Kusshand zugeworfen oder zugezwinkert. Das kann als Aufforderung zum Sex verstanden werden und ist eindeutig unter sexueller Belästigung einzuordnen.

Die meisten früheren Volkslieder und Lieder für traditionelle Musik können negativ und frauenfeindlich oder wenigstens inzwischen nicht mehr korrekt umgedeutet werden. „Der Jäger aus Kurpfalz" schießt zum Spaß Tiere, Der „Zigeunerbaron" oder „drei Chinesen mit dem Kontrabass" sind rassistisch wie auch die „10 kleinen Negerlein". „Die nudeldicke Dirn" ist frauenfeindlich. Selbst eine korrekte Musikauswahl ist kompliziert geworden. Viele klassische Stücke wie zum Beispiel „Ein Weib tut wenig, plaudert viel" in Mozarts „Zauberflöte" sind nicht mehr korrekt.

Man kann sich vorstellen, wie eine reine Männerband, die womöglich auch noch unkorrekte Lieder spielt, durch den Fleischwolf getrieben wird.

47

Bei vielen Bands werden heute Frauen mit aufgenommen um Ärger und Probleme zu vermeiden. Mit einem vorbeugenden Gehorsam wird viel Liederkulturgut nicht mehr gespielt.

Erzieher im Kindergarten

Im Laufe der Jahre wurden Männer erfolgreich aus den gut bezahlten Jobs als Lehrer und Erzieher heraus gedrängt. Sie werden nun einwenden, dass doch der Lehrerberuf oder Erzieher als auch alle sozialen Berufe sehr schlecht bezahlt werden.

Laut einer Statistik der Wirtschaftswoche verdienen Erzieher im Kindergarten etwa gleichauf mit Handwerksberufen. Allerdings wurde die Teilzeit nicht berücksichtigt. Im Kindergarten arbeiten viele Erzieherinnen Teilzeit, was zu Abschlägen beim Gehalt führt. Eine Erzieherin in Vollzeit verdient deutlich mehr als ein Handwerker in Vollzeit. Eine Erzieherin oder Lehrerin in Teilzeit verdient gleich oder geringfügig weniger als ein Handwerker in Vollzeit mit Überstunden. Beamtete Akademiker sind (netto) deutlich besser bezahlt als ein Ingenieur mit gleichwertigem Studium in der freien Wirtschaft. Beamte zahlen nicht in das Sozialsystem ein, sondern bekommen die Sozialversicherungsbeiträge jeden Monat netto ausbezahlt. Beamte haben daher netto mehr Geld für den Konsum.

In dem Kindergarten meiner Enkel war nur ein männlicher Erzieher. Es war ein ruhiger und sympathischer Mann, der immer freundlich grüßte. Eines Tages war er verschwunden. Ich fragte bei einer anderen Erzieherin nach: „Warum wurde er entlassen." Erst über eine andere Mutter erfuhr ich, dass der junge Mann eine Beziehung mit einer Mutter begonnen hatte und nun mit dieser zusammenlebt. Dies war für die Kindergarten Leiterin ein Grund den jungen Mann zu entlassen. Ich will darauf hinweisen, dass die Affäre einer Erzieherin mit einem Vater im selben Kindergarten als völlig normal akzeptiert wurde.

Bemerkenswert an der Geschichte waren die umlaufenden Gerüchte. Es kam das Gericht auf, dass der Erzieher als Mann andere Kinder sexuelle berührt habe und deshalb entlassen werden musste. Einige Mütter drangen sehr massiv auf die Kindergartenleiterin ein, um die Details zu kennen und wollten vorbeugend eine Strafanzeige stellen.

Es kostete der Kindergartenleiterin einige Mühe, die Eltern zu überzeugen, dass kein Missbrauch stattgefunden hat. Wir sehen an dieser Reaktion, dass männliche Erzieher unter Generalverdacht stehen.

In einem weiteren Kindergarten im Nachbarort arbeiteten zwei männliche Erzieher. Einige Mütter starteten eine Unterschriften Aktion, mit der Aufforderung die Erzieher zu entlassen. Die Begründung war, dass Männer ja generell Kinder missbrauchen und die Mütter beunruhigt waren durch die Tätigkeit von zwei Erziehern im Kindergarten. Sie wollten nicht abwarten, bis Missbrauchsfälle passieren, sondern vorbeugend tätig sein.

Sie hatten ständige Sorgen und Grübeleien und waren um das Kindeswohl und die Sicherheit ihrer Kinder besorgt. Haben wir Verständnis für ihre Forderung, die Erzieher sofort zu entlassen? Ich vermute, dass jedes deutsche Arbeitsgericht der Entlassung eines Erziehers zustimmen würde, aufgrund von Gerüchten über Missbrauch.

Wir sind heute derart an solche Vorkommnisse gewöhnt und abgestumpft. Das Dogma, dass alle Männer Kinder begrapschen, welches von unserer sogenannten Mogelpresse permanent und süffisant verbreitet wird, dringt wie ein Gift in unserer Gesellschaft.

Der Fummler ist immer der Hausmeister

In unserem Dorf gibt es eine Grundschule. Der Hausmeister der Grundschule ist für die Reinigung, die Technik und die Außenanlage zuständig. Zu seinen Aufgaben gehört die Grundschule, der Kindergarten, die Kindergrippe und das Ärztehaus.

Der Bürgermeister ist ein geselliger Mensch. Ich schätze ihn sehr. Mit Personalentscheidungen tut er sich schwer. Die typischen Bauchpinsler kommen bei ihm besonders gut an.

Um den Hausmeister zu entlasten, wurde eine weitere Reinigungskraft in Teilzeit eingestellt. Die Reinigungskraft baute eine gute Beziehung zum Bürgermeister auf. Die Reinigungskraft stellte sich nach und nach als völlig unfähig für die Arbeit heraus. Der Hausmeister, welche für die Reinigung zuständig war, musste oft nachputzen und beschwerte sich. Die Beschwerden wurden ihm als Aufrührertum und Mobbing ausgelegt.

Dreckige Putzeimer, nicht ausgewundene Putzlumpen und zusammen gekehrte Dreckhäufen wurden immer häufiger und sogar in der Schulküche gesichtet. Der Streit zwischen der Reinigungsdame und dem Hausmeister eskalierte immer mehr.

Der Bürgermeister wollte den Konflikt entschärfen und entzog dem Hausmeister die Reinigung. Er sollte zwar noch verantwortlich sein, aber nichts mehr zu sagen haben. Solche Situationen mit Verantwortung ohne Weisungsbefugnisse führen meist zu Loss-Loss Situationen.

Als der Streit eskalierte und die Zusammenarbeit nicht mehr möglich erschien, kündigte der Bürgermeister dem Hausmeister.

Die Kinder in der Schule waren traurig. Mit Hilfe der Eltern starteten sie sogar eine Unterschriften Aktion um den Hausmeister zurück zu holen.

Eine fristlose Kündigung ohne Abmahnungen wird für den Arbeitgeber teuer. Die Gemeinde und der Hausmeister bemühten das Gericht, welches sich für eine hohe Abfindung aussprach.

Die Reinigungskraft war erleichtert, dass der lästige Hausmeister weg war. Nun hatte sie einen schlauen Lenz und reduzierte ihren Arbeitseinsatz in Ermangelung einer Kontrolle. Allerdings wurde ihr die Kündigung mit angelastet und es fiel nun auch den weiblichen Lehrerinnen auf, dass die Schule immer mehr verdreckte.

Die Reinigungskraft holte zum Befreiungsschlag aus. Mit ihrer Kollegin hatte sie ein aufschlussreiches Gespräch. Die beiden wollten das Gerücht verbreiten, dass der Hausmeister die Kinder sexuell missbraucht oder wenigstens befummelt haben soll. Dies würde ihm als Person in der Gemeinde den Rest geben. Das Gespräch wurde jedoch von einem Mitglied des Sportvereines mitgehört.

Dieser war nicht untätig und informierte den Hausmeister, welcher sogleich eine Unterlassungserklärung über seinen Anwalt anstrengte. Dieser Vorgang machte in der Gemeinde die Runde. Die beiden Damen waren enttarnt und konnten nun ihren Plan nicht mehr ausführen.

Wie einfach ist es, einen Mann mit solchen Vorwürfen zu diskreditieren und fertig zu machen! Ich denke, dass er den Wohnort hätte wechseln müssen, wenn der Plan der Damen aufgegangen wäre. Mit etwas Pech wären die Vorwürfe jedoch auch am neuen Wohnort durchgesickert. Wer will schon neben einem Sexualtäter wohnen? Das Leben des Hausmeisters und seiner Familie wäre zerstört worden, hätte nicht ein Sportskamerad die Verschwörung offengelegt.

Falschbeschuldigungen gerade bei Kindesmissbrauch sind sehr gewissenlos. Der beabsichtigte Erfolg wird meist erreicht, denn irgendwas bleibt an dem Unschuldigen doch hängen. Werden Kinder direkt mit einbezogen und zu einer Falschaussage gedrängt, so schadet man den Kindern. Solche Falschbeschuldigungen nehmen zu. Für die Polizei und die Staatsanwaltschaft wird es schwerer zwischen wirklichen und falschen Anschuldigungen zu unterscheiden. Für ein Opfer ist es furchtbar, nicht ernst genommen zu werden.

Erste Hilfe ist Missbrauch

Mein achtzigjähriger Vater fand ein schreiendes Kind vor dem Haus. Der kleine Junge war in der Kurve ausgerutscht und vom Fahrrad gefallen. Mein Vater hob ihn auf und nahm ihn auf den Arm. Er sprach beruhigend auf den Jungen ein und fuhr ihm über den Hinterkopf.

Als die Mutter um die Ecke kam und das Kind auf dem Arm des älteren Herren sah, rastete sie vollkommen aus. Sie schrie, dass er sofort das Kind loslassen solle, sonst holt sie die Polizei. Als sie mit dem Sohn nach Hause ging, sagte sie: „Ich werde auf alle Fälle eine Anzeige wegen Missbrauch gegen sie erstatten". Der alte Mann war sehr verzweifelt. Wochenland konnte er kaum Schlaf finden und er hatte Angst, dass die Polizei vor der Türe stehen würde und ihn als Kinderschänder mitnehmen würde.

Er seit seiner Jugend Sanitäter beim Roten Kreuz und es war für ihn eine Selbstverständlichkeit zu helfen. Ich wusste auch nicht, wie ich ihm seine Ängste nehmen konnte. Ich kannte die Frau nicht, welche sogleich mit ihrem Jungen weitergegangen war.

Wie ist die rechtliche Situation, wenn eine Frau einen Unfall hat und Wiederbelebung nötig ist. Diese Frau könnte den Helfer hinterher verklagen, denn er hat sie am Busen unsittlich und absichtlich berührt. Würde solch eine Anzeige abgewiesen? Wahrscheinlich ging solch Anzeige erst mal durch die Presse mit vielen verurteilenden Leserbriefen: „Und wieder einmal hat ein Mann eine Situation ausgenützt."

Die rechtliche Situation ist in diesem Fall klar und eine Verurteilung unwahrscheinlich. Allerdings würde ein Mann, der einer Frau das Leben gerettet hat und durch den Presse Kakao gezogen wird, schwer leiden. Für die Familie und die Ehe des Retters wäre dies eine extreme Belastung.

Wahrscheinlich würde ich trotzdem helfen und mich dabei unwohl fühlen. Es wäre schon eine Erleichterung, wenn jemand weitere Bilder oder ein Video bei der Hilfsaktion dreht, damit man sich später gegen Vorwürfe wehren kann. Ich möchte hier betonen, dass viele deutsche Frauen dem Retter danken würden. Leider weiß Mann nicht, welchen Typ von Frau er rettet oder wiederbelebt.

Laut einer Statistik werden Wiederbelebungsversuche bei Frauen verzögert ausgeführt. Selbst männliche Sanitäter sind sensibilisiert und sind gehemmt. Sie verzögern die Wiederbelebung von Frauen, so dass deren Überlebens - Change abnimmt. Gerade die ersten Minuten oder Sekunden sind oft entscheidend.

Die Rechtslage scheint klar, aber wer will schon monatelang bangen, wie ein Urteil ausfällt. Wie wären die Leserbriefe einer Zeitung auf die Überschrift: „Sanitäter begrapscht Frau bei der Wiederbelebung!" Nehmen wir an, ein Sanitäter hatte bereits einen unbegründeten ähnlichen Vorfall, bei dem es ein ernstes Gespräch mit seinem Chef gegeben hätte, jedoch ohne Anzeige und ohne Presse.

Haben wir Verständnis für die Verzögerung von Hilfsmaßnahmen oder Wiederbelebung von Frauen bei Unfällen basierend auf den Geschehnissen in der Vergangenheit. Es wäre wohl am Besten, wenn in Krankenwagen immer eine Sanitäterin mitfahren würde. Es wäre aber wichtig, dass die Sanitäterin keine gleichgeschlechtliche Neigung hätte, denn dann wäre der Verdacht des Missbrauchs ja auch gegeben.

Der nackte Po

Über eine Geschichte in der Nachbarschaft habe ich mich köstlich amüsiert. Eine der Nachbarinnen, die Anne-Marie (Alter um die 70) hat eine Sauna im Keller. Sommer wie Winter kommen die Freundinnen zum Saunieren.

Die Damen wollen sich natürlich auch abkühlen und gelangen über die Kellertreppe in den Garten. Sie sind nicht von einem Bademantel oder Handtuch behindert.

Der Garten ist zur Straße und zum Nachbarn hin ohne Sichtschutz. Die Straße in dem Wohnviertel ist kaum befahren und selten läuft jemand an den Häusern entlang.

Die Nachbarin beklagte sich bei mir bitterlich, dass der geile Nachbar den Damen beim Saunieren im Garten zusieht. Dieser „geile Bock" wie sie sich ausdrückte, belästigt uns ununterbrochen und kann sich gar nicht genug an uns sattsehen.

Natürlich reizt so viel Ärger auch zur Provokation. Die Damen machten sich nun ein besonderes Vergnügen, ihre weiblichen Reize dem Nachbarn zu zeigen.

Der Nachbar klagte mir sein Leid. Er fand den Anblick der Damen im „besten" Alter keineswegs erotisierend. Er fühlte sich belästigt und ging soweit möglich ins Haus, wenn die nackten Damen im Garten aufkreuzten.

Er benützte im Gespräch mit mir Ausdrücke, von welchen ich hier die harmlosen niederschreiben möchte. Er sprach von hängenden Brüsten, Hintern mit traurigem nach unten hängenden Hirschgeweihen und Beinen mit Cellulose, Krampfadern und Besen Reißer.

Die Damen, natürlich völlig zu Recht, zeigten ihm durchaus mal das nackte Hinterteil, um zum Ausdruck zu bringen, dass er in der Zeit des Saunierens doch bitteschön aus seinem Garten verschwinden soll.

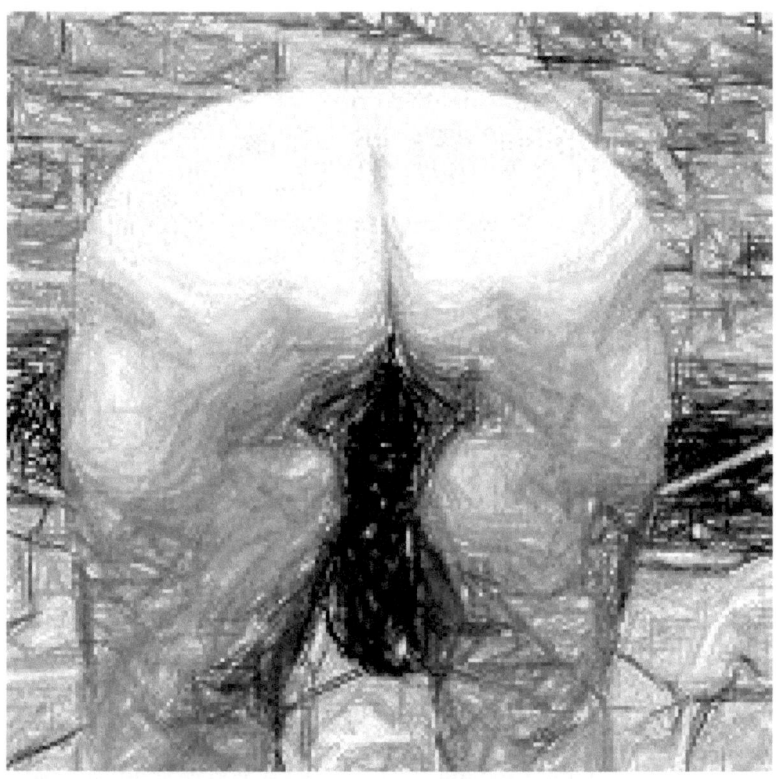

Eine wirklich schwierige Lage. Es gehörte zur Glaubensüberzeugung der Anne-Marie, dass alle Männer aufgrund ihrer Hormone und weil es in der Natur der Männer so veranlagt ist, gierig und lüstern ihre Blicke auf jeden Frauenhintern richten.

Ich brachte es nicht übers Herz, ihr zu sagen, dass so reife Frauenhintern und lange Brüste bei Männern nicht zwingend das Anschwellen von bestimmten Teilen verursacht.

Nehmen wir einmal an, der Nachbar würde dieses weibliche und völlig akzeptierte Verhalten zum Beweis fotografieren und eine Anzeige bei der Polizei einreichen. Wegen der „Erregung öffentlichen Ärgernisses" würden ihn die Polizisten auslachen. Allerdings würde er selbst zwei Anzeigen bekommen.

Zum einen wegen der Verletzung des Persönlichkeitsrechtes (§ 201a StGB), denn er darf die Person im anderen Grundstück nicht einfach fotografieren. Die zweite Anzeige wegen sexueller Nötigung, denn die Frauen fühlten sich ja schon durch seine Anwesenheit in seinem Garten belästigt. Sie würden mit Sicherheit aussagen, dass er geil und lüstern über den Zaun blickte.

Tauschen wir nun die Rollen und er würde seiner Nachbarin das entblößte Hinterteil zeigen. Das war nur hypothetisch. Ein älterer Mann würde sich wahrscheinlich genieren seinen hängenden Hintern in der Öffentlichkeit zu zeigen.

Eine Anzeige gegen den Mann würde eine Lawine von Anklagen nach sich ziehen, die Presse würde Artikel veröffentlichen. Der Mann wäre erledigt und müsste wahrscheinlich in eine andere Gegend ziehen, wo ihn niemand kennt. Stellen wir uns vor, er wäre nach einer Pressekampagne umgezogen. Eine der neuen Nachbarinnen würde ihn aus der Zeitung erkennen als Sexualstraftäter. Schnell wären an seinem neuen Wohnort Schmierereien: „wir wollen keinen Sexualstraftäter in unserer Nachbarschaft."

Ich habe dem Nachbarn, der Franz hieß geraten, die Angelegenheit ruhig und gelassen zu sehen. Inzwischen verlässt er fluchtartig den Garten, wenn die Damen sich abkühlen.

Die Anne-Marie ist auch ruhiger geworden, denn sie erkennt wenigstens den guten Willen: „Wenn der Nachbar natürlich seine kranke männliche genetische Veranlagung nicht verleugnen kann, so vermeidet er es wenigstens uns zu belästigen." Die Anne-Marie ist eine Abonnentin der „Emma" und kennt sich mit lüsternen Männern aus.

Die Anne-Marie war lange Jahre im Kinderbundschutz tätig und hat sich erfolgreich um die Rechte von Müttern und Mädchen bemüht. Ich vermute, dass sie ihre negativen Ansichten über Männer vielleicht ohne Absicht ihrem Jungen mit ins Leben gegeben hat. Dieser Junge hat sich schwergetan, ein normales Leben aufzubauen und zu führen.

Ich kann gut zuhören und muss nicht reden oder recht haben. Es ist sowieso egal, was man zur Anne-Marie sagt. Sie hat durch die „Emma" ein gutes und fundiertes Wissen über die Unzulänglichkeiten und die Minderbegabung von Jungen und Männern erhalten. Männer unterdrücken Frauen, weil Frauen ansonsten von Haus aus schlauer und besser sind.

Mhm.. lassen wir der Anne-Marie ihren Glauben.

Das Kind der Rettungsanker

Ein junger Bekannter lebte mit seiner Freundin in seinem Haus. Leider hatten die beiden ständig Streit. Die Freundin hatte die Eigenschaft ununterbrochen und stundenlang zu reden. Es war schwer auszuhalten, denn die Themen waren sehr banal und wiederholten sich ständig.

Der junge Mann wollte die Beziehung beenden. Die Frau wollte die Beziehung aufrechterhalten. Sie trug nicht zum Unterhalt bei und lebte kostenlos in dem Hause des Freundes.

Der junge Mann im goldenen Alter von 35 Jahren war sehr pflichtbewusst. Es war klar, dass er eine Frau mit Kind niemals aus dem Haus werfen würde. Glücklicherweise hatten die beiden keine Kinder.

Die Freundin zeigte Einsicht und war mit einem Auszug einverstanden. Sie erklärte eine Wohnung zu suchen. Zum Ausklang der Beziehung wollte sie aber noch Sex, solange sie im Haus wohnte. Dies war den jungen Mann nicht unrecht und er zeigte sich willig.

Sie setzte die Pille ab, ohne ihn zu informieren. Er schwängerte sie ungewollt. Beide erhielten das Sorgerecht für das Mädchen. Die Beziehung eskalierte. Er wollte sie wegen des Kindes im Hause behalten. Er konnte jedoch das ständige Geplapper nicht mehr ertragen. Wenn er abends von der Arbeit nach Hause kam, war er meist müde und abgespannt und wollte seine Ruhe. Die Frau erwartete ihn schon um all die Mühen und Themen des Tages os zu werden. So eskalierte die Beziehung immer mehr, bis er sie eines Tages gewaltsam aus dem Hause warf.

Das Jugendamt wurde eingeschaltet und er durfte sein Kind eine Stunde pro Woche unter Aufsicht sehen. Dieser Zustand mit einer Stunde Tochter pro Woche wird vom Jugendamt seit nunmehr vier Jahren vorgeschrieben. Ein Ende ist nicht in Sicht, denn die Beamtinnen im Jugendamt fühlen sich für Mütter und Kinder, jedoch nicht für Väter zuständig.

Die Schäden, welche das Kind dadurch nimmt, dass es seinen Vater nur einmal pro Woche unter Aufsicht sehen darf, sind der Preis für den gelebten Feminismus. Meine Erfahrung ist, dass auch die männlichen Beschäftigten in den Jugendämtern keinesfalls die Position der Väter einnehmen. Vielmehr sind sie geflissentlich bemüht, die Mütter auch gegen die Väter zu unterstützen.

Meine zwei schwulen Freunde

Zwei meiner besten Freunde, der Pascal und der Freddie sind ein Paar. Vor mehr als vier Jahren wurde geheiratet und sogar der Bürgermeister der Kleinstadt war dabei. Es ist eben schon etwas besonders, das erste gleichgeschlechtliche Paar in der Kleinstadt zu trauen.

Ich war zur Hochzeit eingeladen mit vielen anderen Freunden, Verwandten und guten Bekannten. Ich konnte keinerlei Abneigung, Vorurteile oder Böshaftigkeit bei den Besuchern der Hochzeit erkennen.

Ich fragte die beiden, ob sie sich benachteiligt fühlen. Beide waren lange am Überlegen. Der Pascal war gelernter Koch. Er konnte diesen Beruf nicht mehr ausüben und hatte sich bei Lebensmittelgeschäften als Verkäufer beworben.

Die Antwort von Pascal war:
„Als schwule Männer haben wir keine Probleme. Ganz im Gegenteil ist dies bei vielen so „woke", dass sich Männer schon als schwul outen, die Hetero sind. Hetero ist „Old Fashion". Schau mal moderne Filme an. In jedem modernen Film kommt ein edles gleichgeschlechtliches Paar vor und ein unsympathischer Mann, meist verheiratet, der mindestens fremdgeht und seine arme Frau betrügt. Ich denke nicht, dass in Deutschland schwul sein ein Nachteil ist. Mir ist es öfter passiert, dass ich einen interessanten Mann kennenlernte. Als ich mit dem was anfangen wollte, beichtete er mir, dass er in Wirklichkeit hetero sei. Er wollte aber auch schick und in sein und hatte sich deshalb als schwul geoutet.

Als Mann jedoch fühle ich mich schon benachteiligt. Mein Antrag auf Reduzierung der Wochenarbeitszeit wurde abgelehnt, weil ich ein Mann bin. Bei den weiblichen Kollegen hat der Marktleiter kein Problem die Teilzeit zu gewähren. Ich ärgere mich auch über Frauenparkplätze, Frauenförderung, Frauentreffen und die Frauenrechte auf Kosten der Männer."

Laut Studienlage ist es für Männer in der Nacht wesentlich gefährlicher als für Frauen. Die Wahrscheinlichkeit Gewalt zu erleben ist hoch. Basierend auf der Studienlage müsste man also Männerparkplätze einrichten.

Pascal sieht aber ein Gefahrenrisiko für sich als schwuler Mann. Wenn er durch Viertel geht, welche vorwiegend von muslimischen Familien bewohnt sind, wird er angemacht. Seiner Meinung nach ist der Islam nicht tolerant zu Gleichgeschlechtlichen und er musste sich schon Begriffe wie „Schwuchtel, bist kein richtiger Mann usw." anhören.

Der Ehepartner von Pascal, der Freddie beantwortete ebenfalls meine Frage:
„Ich arbeite in einem Autohaus im Einkauf von Teilen. Als die letzte Beförderung anstand, wurde meine jüngere Kollegin befördert und ist nun mein Chef.
Ich fragte natürlich, weshalb ich nicht befördert wurde. Der Chef erklärte mir, dass es vom Konzern Vorgaben gibt. Die Autohäuser sind angehalten, Gleichberechtigung durchzusetzen. Als ich ihn fragte, ob es denn Gleichberechtigung ist, wenn eine junge unerfahrene Kollegin statt eines besser geeigneten Mannes befördert wird. Er zuckte mit der Schulter. Er konnte aber nichts an dieser Entscheidung, welche von oben vorgegeben ist, machen."

Ferdinand hat ein halbes Jahr später die Firma gewechselt.

Ich will die Meinung der beiden stehen lassen und nicht kommentieren. Der Leser mag sich selbst ein Bild machen. Dies ist übrigens der Unterschied von diesem Buch zur sogenannten Mogelpresse. Ich reihe Erlebnisse meines Lebens aneinander ohne den Anspruch auf die absolute Wahrheit. Unser öffentlich-rechtliches Staatsfernsehen selektiert einseitig Bilder und Meinungen die ins „woke" und „feministische Weltbild" passen um die Zuschauer zu manipulieren.

Neffe sucht Job

Mein Neffe studierte Völkerkunde und arbeitete jahrelang im Ausland für das Gothe Institut. Seine Leidenschaft ist das Bereisen ferner Länder.

Nach einigen Jahren wollte er mit seiner Frau sesshaft werden. Er begann sich für Arbeiten in Museen zu bewerben. Er wurde immer zu den Bewerbungsgesprächen eingeladen, bekam aber regelmäßig eine Absage. Allmählich ging ihm das Geld aus und er begann an sich zu zweifeln.

Bei einem Bewerbungsgespräch teilte ihm die Personalleiterin mit, dass er der Wunschkandidat des Museums sei. Allerdings können sie ihn nicht einstellen, denn er hat das falsche Geschlecht. Die Gleichstellungsbeauftragte besteht darauf, dass eine Frau eingestellt wird.

Es gab genügend Bewerberinnen mit derselben Qualifikation. Diese Bewerberinnen haben dieselbe Ausbildung also ein Studium, jedoch keine Berufserfahrung und ihr gefiel das tiefe Wissen, welches er sich über die Jahre angeeignet hatte. Gerne hätte die Personalerin ihn eingestellt. Er wurde zu den Bewerbungsgesprächen eingeladen, um den Anschein eines fairen Bewerbungsprozesses zu erwecken. In Wirklichkeit war von Anfang des Bewerbungsprozesses bereits klar, dass er als Mann keinerlei Change hatte, die Arbeit zu bekommen.

Ich habe im Internet das Gesetz nachgelesen. Im Bundesgleichstellungsgesetzes ist die Diskriminierung von Männern im öffentlichen Dienst gesetzlich vorgeschrieben.

Eine Bewerberin, welche außer einem Praktikum keine Berufserfahrung hat, wird also einem Bewerber, der jahrelang auf einem Gebiet geforscht hat und praktische Erfahrung in verschiedenen Ländern erworben hat, vorgezogen.

Im Laufe der Jahre nimmt aufgrund des Ausschlusses von kompetenten Männern die Qualität im Staatsdienst massiv ab. Die öffentliche Verwaltung benötigt mehr und mehr Personal und ist trotzdem dysfunktional. Ich denke, dass inzwischen jeder die Auswirkungen dieses Gesetzes, das zu einer Dysfunktion der öffentlichen Verwaltung führt, am eigenen Leib erfahren hat.

Mein Neffe hat in Luxemburg einen guten Job als Lehrer bekommen und unterrichtet seitdem dort. Aufgrund der Diskriminierung seines Geschlechtes musste er ins Ausland auswandern und lebt nun in einem toleranteren Land. In Luxemburg werden Männer nicht aufgrund des Geschlechtes diskriminiert, sondern das Land ist froh über qualifizierte Einwanderung.

Die deutschen Gesetze und deren Ausführung sind mir sehr fremd geworden. Leider ist der Kontakt zu meinem Neffen sehr gering, aufgrund der Entfernung. Unsere Familie ist nun räumlich getrennt. In Luxemburg scheinen die Arbeitsbedingungen sowie die Abzüge für die Krankenkasse und Rente geringer als bei uns zu sein. Die Lebensqualität ist höher.

Es wandern pro Jahr ca. eine viertel Million Deutsche aus. Besonders begeht im Ausland sind junge Menschen mit Naturwissenschaftlichem Studium und IT-Spezialisten. Daher sind die Auswanderer mehrheitlich männlichen Geschlechtes. Die Diskriminierung von jungen Männern an den deutschen Universitäten und im öffentlichen Dienst dürften ebenfalls bei dem Entschluss auszuwandern eine Rolle spielen. Beliebte Zielländer sind USA, Kanada und Australien.

Elektromoped braucht Zündkerze

Ich ging ins Landratsamt, um ein batteriebetriebenes Moped anzumelden. Ich hatte einen männlichen Sachbearbeiter. Die Papiere von dem chinesischen Hersteller waren sehr mangelhaft und ich hatte große Sorgen, ob eine Anmeldung klappen würde. Wenn man ein Moped statt mit dem kleinen Nummernschild für ein großes Nummernschild anmeldet, dann spart man Versicherungsprämie.

Der junge Mann tippte die mangelhaften Daten in sein System ein. Er wollte das Moped sehen, bevor er die Stempel auf den Nummernschildern anbringt. Es war für mich ein Aufwand, mit dem Moped am Landratsamt vorbei zu fahren, denn die Reichweite reichte gerade für die Hin- und Rückfahrt.

Drei Monate später wollte ich ein weiteres Moped mit Elektroantrieb und der Höchstgeschwindigkeit von 45 km/h im gleichen Landratsamt anmelden. Auch diese Papiere des chinesischen Herstellers waren rudimentär.

Ich kam zu einer jungen Mitarbeiterin, welche mich nach dem Hubraum und der Anzahl Zylinder fragte. Meine Antwort war, dass ein Elektromoped keine Zylinder, sondern einen Elektromotor hat. Die Sachbearbeiterin sagte mir, dass sie ohne die Angabe der Zylinder und des Hubraumes das Elektromoped nicht anmelden kann. Als ich mich damit nicht abspeisen ließ, ging sie zu ihrer Chefin. Sie kam zurück und erklärte mir, dass die Chefin der Zulassungsstelle auch der Meinung sei, dass Elektromopeds ohne Hubraumangabe und ohne Zylinder nicht angemeldet werden können. Ich musste unverrichteter Dinge wieder nach Hause fahren.

Zwei Wochen später rief mich ein männlicher Mitarbeiter an, der mir mitteilte, dass die Anmeldung im Ermessensspielraum der Sachbearbeiter liege. Er erklärte mir, dass eine Verwaltungsfachangestellte, den Unterschied zwischen einem Elektroantrieb und einem Verbrenner nicht kennen könne.

Ich akzeptiere die Argumentation. Es schon gut, wenn die Chefin der Zulassungsstelle den Unterschied zwischen einem Verbrenner mit Zylinder und Hubraum und einem Elektromotor kennen würde. Allerdings müssen wir als gute demokratische Staatsbürger die deutschen Gesetze und das Bundesgleichstellungsgesetz akzeptieren, womit sich gut die Unwissenheit vieler deutscher Staatsdienerinnen erklären lässt.

<u>Falls jemand von einer deutschen Zulassungsstelle diesen Text liest, hier die Erklärung:</u>

In einem Verbrenner Motor gibt es einen Brennraum in dem Benzin mit Luft gespritzt wird. Dieses Gemisch wird entzündet und drückt einen Zylinder nach außen. Diese Bewegung wird in Rotation umgewandelt und treibe das Auto oder Moped an. Es gibt Autos mit mehreren Zylindern.

Ein Elektromotor verbrennt kein Benzin, sondern hat eine Batterie, welche elektrische Energie abgibt. Die Elektronen fließen in den Motor. Durch ein elektromagnetisches Feld wird der Rotor gedreht. Rotor heißt das Ding in der Mitte vom Motor, das sich dreht. Stator heißt das den Rotor umgebende Teil des Motors.

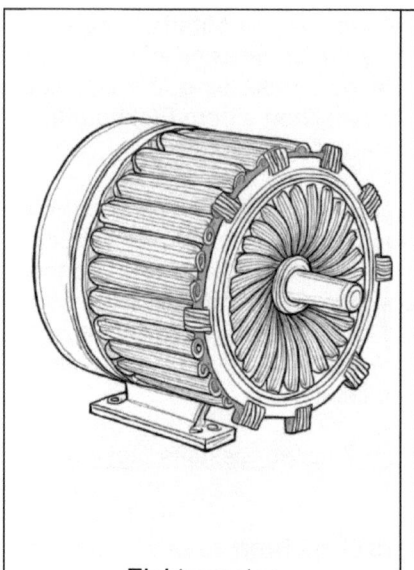

Elektromotor

Verbrennermotor

Als ich bei der unteren Naturschutzbehörde anrief, hatte ich einen älteren knorrigen Beamten am Telefonapparat. Ich war völlig erstaunt, dass er mir genau sagen konnte, welche Büsche in den Hecken unserer Gemeinde wuchsen.

Ich bekam einen Rückruf von seiner netten, sehr jungen Chefin. Sie kannte sich leider überhaupt nicht aus aber war wirklich angenehmer. Ich hätte gerne gesagt, dass die Chefin kompetent gewesen wäre.

Eine Demokratie benötigt eine funktionierende Verwaltung. Als die Bahn und die Post noch von Beamten betrieben wurden, hatten wir zwei Millionen Staatsdiener. Heute 2024 haben wir fünf Millionen Staatsdiener, also zwei ein halb mal so viele. Der Service in den Ämtern ist im Vergleich auch um das zwei ein halb fache schlechter geworden. Wenn wir die Verwaltung rationalisieren würden, würden zwei Millionen Staatsdiener völlig ausreichend sein. Leider wird eine Rationalisierung und Digitalisierung vom Beamtenapparat blockiert. Durch den massiven Stellenaufbau im öffentlichen Dienst werden der Privatwirtschaft Arbeitskräfte entzogen.

Während der Merkelschen Einwanderungswelle 2015: **„Wir schaffen das** – gemeint war: **Ihr schafft das"** und auch während der Corona Zeit erlebten wir Deutschen zum ersten Mal eine vollkommen überforderte und inkompetente Verwaltung. Am Personalmangel liegt es sicherlich nicht.

Keinesfalls bedeutet dies, dass die Frauen schlechter als die Männer sind. Die Beförderungen und Besetzung von Stellen jedoch auf das Geschlecht statt auf die Eignung für einen Job auszurichten, führt zu einer Negativauswahl und Diskriminierung der Männer. Die Frauen sind heute so gut qualifiziert, dass eine Auswahl nach Qualifikation, Berufserfahrung und Eignung für eine Stelle nicht zu einer Benachteiligung für Frauen führt.

Eine jugendliche Chefin, welche älteren Männern vorgesetzt wird kann ausbrennen. Wir haben dann dreißigjährige Frauen, die oft krank sind und mit knapp vierzig so ausbrennen, dass die Frühpensionierung ansteht.

In einem typischen deutschen Amt

Die zwei Heimatvertriebenen

Zwei Schwestern, die Anna und Maria aus unserem Bekanntenkreis sind Heimatvertriebene. Beide heirateten und hatten Kinder, darunter die zwei Jungen Werner und Norbert.

Nach dem zweiten Weltkrieg wurden 2,6 Millionen Sudetendeutsche aus ihrer Heimat vertrieben. Zwei Millionen kamen im Restdeutschland an. Ich habe noch nie herausgefunden, wo die restlichen 600 000 Sudetendeutschen geblieben sind. Von einem Völkermord zu sprechen ist rechtsradikal und wir wollen auch nicht behaupten, dass die 600 000 fehlende Menschen ermordet wurden. Die Konzentrationslager, wie zum Beispiel Theresienstadt wurden von den tschechischen Arbeitern weiterbetrieben, jedoch die Insassen gegen Sudetendeutsche ausgetauscht. In Tschechien wurden die Massenmorde an den Sudetendeutschen und die Gräueltaten an den deutschen Frauen und Kindern durch die Bensch Dekrete legalisiert. Die Benesch Dekrete sind immer noch gültig und schützen die Täter, Mörder und Folterer.

Die beiden Frauen hatten als jugendliche junge Frauen schwere Misshandlungen erlebt. Beide konnten bis kurz vor ihrem Tod nicht über die schrecklichen Erlebnisse berichten.

Die Maria erleichterte am Ende ihres Lebens ihr Herz. Als die Gerüchte von Massenvergewaltigungen und Inhaftierungen in Lagern die Runde machten, floh sie mit fünfzehn Jahren aus ihrer Heimat. Sie schloss sich einem SS Mann an, der ebenfalls auf der Flucht nach Westen war. Dieser rührte sie nicht an, sondern behandelte sie anständig und fürsorglich.

In München fand sie eine Arbeit in der Küche eines Restaurants. Eines Abends, als sie allein mit einem der Mitarbeiter in der Küche tätig war, wurde sie vergewaltigt. Sie erzählte mir von dem Grauen und dass ihr danach das Blut die Schenkel herunterrannte.

Die Anna hingegen, sowie ihre Brüder harrten im Sudetenland aus. Dort wurde sie nach Kriegsende als dreizehnjährige mehrmals von tschechischen Schergen vergewaltigt. Als Deutsche war sie nach dem Frieden rechtlos und Freiwild. Einer ihrer Brüder wurde in die innere Tschechei in ein Lager verschleppt und grausam gefoltert. Er überlebte und kam Jahre später auch nach Restdeutschland und traf die Familie wieder. Die Anna, ihre Mutter und der kleine Bruder durften je einen Rucksack mitnehmen und wurden im Viehwagon aus ihrer Heimat vertrieben.

Wenn deutsche Politiker dieses Täterland besuchen, so entschuldigen sie sich heftig für Kriegsverbrechen und begrüßen die Gräuel an den Deutschen nach den Weltkriegen. Die Traumata der Demütigung, des Verlustes der Heimat und der Missbrauch wird in Deutschland nicht angesprochen und ist auch heute noch ein Tabu Thema. Das Verschweigen macht es den Opfern schwerer, diese Geschehnisse zu verarbeiten. Das Verdrängen führte bei beiden zu langfristigen Schäden in der Psyche.

Der Mann der Anna arbeitete fleißig in einem Schmelzwerk. Die Arbeit war schwer und die Arbeitsumgebung heiß. Die Arbeiter tranken viel Bier, um die Verluste an Flüssigkeiten auszugleichen.

Wenn er nach Hause kam war Streit vorprogrammiert. Die Frau war mit dem Mann unzufrieden. Für die Anna wäre es besser gewesen, nicht zu heiraten.das wäre damals nach dem Krieg sehr unschicklich gewesen. Der Ehemann mit Namen Hans begann nun auch zu Hause mehr Bier und ab und an Schnaps zu trinken. Er wurde ein Alkohol kranker Mann, der seine Frau auch verprügelte. Die Kinder lehnten ihn vollkommen ab. Ich konnte ihn einige Monate vor seinem Tod besuchen. Er war ein einsamer und verbitterter Mann geworden.

Die Maria hatte ebenfalls einen fleißigen Mann, der allerdings keinen Alkohol trank. Er konnte ihr auch nichts recht machen. Sie besuchten die Filme von Oswald Kolle, einem damals sehr bekannten Sexual Aufklärer. Dies half nicht viel, denn durch den Missbrauch konnte die Maria keine Sexualität genießen.

Ihr Mann Herbert hörte jeden Tag, was er alles falsch mache. Auch diese Ehe war sehr unglücklich.

Beide Schwestern brachten Jungen und Mädchen zur Welt. Als Maria bei der Entbindung sah, dass ein Junge zur Welt gekommen war, bedeutete dies für Sie das Wahrwerden eines Alptraumes. Sie schrie und wollte das Kind nicht in den Arm nehmen. Das Pflegepersonal nahm das Kind zu sich und versorgte es. Als nach einigen Tage die Entlassung anstand, erklärte sich Maria bereit, das Kind groß zu ziehen.

Wir stellen uns nun vor, wie Frauen nach Misshandlungen ihre Söhne sehen und lieben sollen. Werner und Norbert spielten mit Puppen, um von ihren Müttern wenigstens ein wenig Liebe zu bekommen. Glücklicherweise gab es in der Volksschule damals noch männliche Lehrer und die Jungen hatten genügend gute männliche Vorbilder in der Kindheit und Jugend.

Beide Jungen, der Werner und der Norbert hatten Schwierigkeiten sich als Männer anzunehmen. Sie gründeten selbst Familien und konnten ihre Kindheitstrauma überwinden.

Heute wachsen viele Jungen ohne männliche Vorbilder auf. Ich habe oft erlebt, dass Söhne von alleinerziehenden Müttern schwere psychische Probleme bekommen. Alleinerziehende Mütter haben oft viele gescheiterte Beziehungen hinter sich und sind sehr häufig verbittert.

Die Jungen übernehmen oft das innere negative Männer Bild der Mütter und haben Schwierigkeiten, sich selbst anzunehmen und zu akzeptieren.

Ferner übernehmen diese Jungen oft die Rolle des Partnerersatzes. Dies überfordert die Söhne und führt teilweise zu lebenslanger Abhängigkeit von der Mutter. Oft führt dies zu psychischem und auch körperlichem Missbrauch der Jungen.

Der Missbrauch von Jungen durch die Mütter ist ein Tabuthema in unserer Gesellschaft. Trotzdem gibt es diesen Missbrauch. Allerdings gibt es für Jungen kaum Hilfsangebote.

Die beiden Töchter der Anna haben es nicht leicht und waren jahrelang in psychischer Behandlung. Sie waren von ihren Müttern geimpft, dass Männer grundsätzlich schlecht, grausam und gefühlskalt sind. Mit dieser Grundeinstellung ist es schwer, liebevolle Männer für eine gute Ehe zu finden. Beide haben selbst keine Kinder.

Feuchte Lippen in der Sauna

Vor einigen Jahren war ich unter der Woche nachmittags in der Sauna. Ich ging zu der Zeit gerne allein in die wenig frequentierte Sauna. In der Biosauna lag bereits eine Frau und ich setzte mich auf die andere Seite.

Als ich auf die Sauna Uhr sah, streifte mein Blick auch über die gut geformte Frau. Sie bemerkte meinen Blick und legte ein Bein auf die obere Saunabank, so dass ihr Schritt sichtbar wurde. Ich schaute mehr auf ihren Schritt.

Demonstrativ legte sie nun auch das untere Bein auf die untere Saunabank. Das obere Bein war lag auf der oberen Saunabank. Die Frau lag mit gespreizten Beinen vor mir.

Sie war zwischen den Beinen rasiert. Auf dem Schambeinhügel war eine dicke schwarze Wolle. Sie hatte sehr dicke Lippen, welche ihre Vulva umgab. Ein offener Schlitz wurde zwischen ihren Beinen sichtbar und ich sah, wie etwas Flüssigkeit austrat und die Umgebung des Schlitzes zu schimmern begann. Es kam mir vor, als ob die Lippen dicker wurden und die Klitoris anschwellte. Sie schaute mich glotzend und provokativ an.

Sie hob den Hintern und wippte mit ihrem Becken hin und her. Als mein Glied sich meldete und fester wurde, stand ich auf und verließ die Sauna. Ich war verwirrt, War dies eine Aufforderung? Sollte ich die Frau ansprechen oder gar anfassen?

Einige Monate später war meine Frau mit mir und einigen Freunden in einem Restaurant. Die Frau aus der Sauna saß direkt am Nebentisch. Als sie mich erkannte, begann sie mit ihren Freundinnen laut zu flüstern. Sie kennen dies vielleicht, wenn jemand so tut als ob er flüstert. Der Ton ist so laut, dass alle anderen mithören können. Sie beklagte sich bitterlich, dass ich sie in der Sauna sexuell belästigt habe.

Deshalb habe sie mich provoziert. Ich habe ewig lange auf ihr Geschlechtsteil gestarrt und sie deklarierte mich als unsympathischen, dreckigen Lüstling.

Sie hat Recht. Allerdings war ich durch das Öffnen der Beine und das Hin- und herwippen des Beckens und der Bewegung des Hinterns irritiert. Ich konnte für einen kurzen Augenblick den Blick nicht wenden und war wie hypnotisiert.

Wir können daraus lernen, dass ein Verhalten, welches man als Aufforderung oder Reizung missverstehen könnte, keinesfalls sexuelle Handlungen oder Blicke des Mannes rechtfertigt. Beinahe wäre es ein echtes Missverständnis geworden.

Es hätte Mann doch klar sein müssen, dass eine Frau mit gespreizten Beinen und wippendem Hintern, welche einen ansieht und auf das Beste Stück des Mannes glotzt, keinesfalls an Sex denkt.

Autounfall und Erfahrungen mit Polizisten

Ein Kind läuft auf den Gehsteig. Eine ältere Frau, welche sich später als die Oma herausstellt, versucht vergeblich das Kind zurück zu halten.

Es war für mich kein Problem vor dem Gehsteig anzuhalten. Mein Auto kam zwei Meter vor dem Gehsteig zum Stehen. Es gab einen lauten Krach. Ein Fahrzeug war von hinten aufgeprallt und hatte mich um gut einen Meter nach vorn geschoben.

Die Beifahrerin und ich hatten ein Schleudertrauma. Die Polizei und ein Krankenwagen kamen. Wir wurden zu dem Unfallhergang befragt. Das junge Fahrerin, welches aufgefahren war, weinte dicke Krokodilstränen. Sie hatte mit dem Handy gespielt und war unaufmerksam gewesen. Die Polizisten flossen über vor Mitleid.

Wir sollten unterscheiben, dass die Unfallgegnerin nur Schrittgeschwindigkeit gefahren war. Wir sollten ihr doch das Leben nicht schwer machen. Wenn die Politzisten die wirkliche Geschwindigkeit aufgeschrieben hätten, wäre eine Anzeige wegen Körperverletzung erfolgt. Benommen vom Unfall und seinen Folgen unterschrieb ich das für die Fahrerin geschönte Protokoll. Als wir später wegen Schadenersatz klagten, wurde die niedrige Geschwindigkeit zu einem wesentlichen Argument des gegnerischen Anwaltes.

Wäre ein Mann aufgefahren, hätten die Polizisten sehr wahrscheinlich kein Problem gehabt, die wirkliche Unfallgeschwindigkeit aufzuschreiben. Es ist total nett und menschlich, dass die Polizisten sich von den Tränen der jungen Frau erweichen ließen. Für mich war es ein Nachteil.

Wir hatten einige Zeit später einen weiteren Unfall. Eine Geschäftsfrau hatte es sehr eilig und fuhr auf der zweispurigen Stadtautobahn viel zu schnell. Als wir die Spur wechselten, musste sie ausweichen und fuhr einen Baum neben der Straße an. Es war nur ein Blechschaden. Die Polizisten bemühten sich, uns zu überzeugen den Unfallhergang ein wenig zu manipulieren, so dass die Frau keine Erhöhung der Versicherungsprämie haben würde. Nett gemeint!

Wir können daraus lernen, dass Frauen in unserer Gesellschaft sehr wohl mehr Schutz, Bevorzugung und Fürsorge bekommen.

90 000 €

Der Sohn eines Freundes war ein gutaussehender Mann im besten Alter von 35 Jahren. Er hatte einen guten Job, war schlank, sportlich und für Frauen sehr attraktiv.
Alle zwei, drei Jahre allerdings wurden die Freundinnen uninteressant und er schickte sie in die Wüste. Meist fand sich eine Neue, in die er unsterblich verliebt war, für einige Zeit.

Zwei verflossene trafen sich und tauschten sich aus. Beide waren sehr enttäuscht. Es tut weh und verletzt, wenn ein attraktiver Mann die bisherige Prinzessin plötzlich zum Aschenputtel macht und die Beziehung beendet. Beide sannen auf Rache.

Eine der beiden rief bei dem Verflossenen an. Die zweite hörte im Hintergrund mit: „Entweder 90 000 € überweisen oder Anzeige wegen Gewaltanwendung, Vergewaltigung und Nötigung." Der junge Mann war verzweifelt und zahlte. Ich hörte über den Vater von diesem Vorgang. Da ich eine gute Beziehung zu einer der beiden Frauen hatte, mischte ich mich ein. Ich rief bei ihr an und fragte, was das solle. Sie erklärte mir, dass ihnen Schmerzensgeld wegen der beendeten Beziehung zusteht.

Bei aller Sympathie für die armen, unterdrückten Frauen in unserer Männergesellschaft ging mir diese Opferrolle zu weit. Ich sagte ihr, dass ich das Gespräch aufgezeichnet habe. Entweder ist das Geld sofort zurück gebucht oder sie wird eine Anzeige wegen Erpressung bekommen. Das Geld war am nächsten Tag wieder bei dem jungen Mann angekommen. Ich machte klar, dass bei Gerüchten oder weiteren Versuchen Schmerzensgeld zu erhalten eine Anzeige wegen Erpressung erfolgt. Seit dieser Zeit ist Ruhe eingekehrt. Die beiden Frauen sind immer noch der Meinung, dass ihr Verhalten gerechtfertigt und angemessen war.

Erfahrungen in der Industrie

Ich will hier in diesem Kapitel einige Erfahrungen aus meinem Berufsleben schildern. Natürlich sind dies meine Erfahrungen und die Betrachtungsweise ist rein subjektiv. Allerdings weiß ich von vielen Kollegen und Freunden, dass dies keine Einzelfälle sind. Vielmehr sind diese Beispiele gängige Praxis und nahezu jeder arbeitende Mann hat ähnliche Erlebnisse.

In Konzernen gibt es den „Ethik Code" welcher Missbrauch, Unterdrückung und Benachteiligungen verhindern soll. Wegen des „Ethik Code" sind Männer in amerikanischen Firmen besonders vorsichtig. Der Code erfüllt also seinen Zweck.

Frauen haben allerdings nahezu Narrenfreiheit in den Firmen. Meine Beispiele sind reales Erleben und lassen sich nicht schönreden. Auch das Mantra von der Opferrolle, der armen Frau hilft bei den niedergeschriebenen Geschichten nicht weiter. Es ist vielen Männern Unrecht geschehen und Frauen haben mutwillig in Kauf genommen, dass Männer leiden.

Klaus, der Pseudo – Fummler

Die Geschichte trägt sich in den 90 Jahren zu und ist mein erstes Firmen - Erlebnis mit #MeToo.

Ich war ein junger Mann mit etwa 30 Jahren und ein Familienvater mit zwei Kindern. Ich ging morgens mit meinem Arbeitskollegen Klaus in die Firma. Die Firma war eine amerikanische Firma mit einem Ableger in Deutschland. Der Klaus war Abteilungsleiter der Versandabteilung, während ich als Ingenieur in einer Supportfunktion arbeitete.

Der Klaus war ein sportlicher, gutaussehender Familienvater mit mehreren Kindern und einer bildhübschen Frau.

Eine Stunde später sah ich den Klaus mit eingezogenen Schultern nach Hause gehen. Komisch, dachte ich. Der war doch vorher noch ganz gesund. Im Floor ging schon eine Geschichte dazu herum. Ich fragte einen anderen Kollegen von der Personalabteilung, was denn eigentlich vorgefallen sei.

Zwei Frauen aus der Versandabteilung Mitte 50 waren bei der Personalabteilung vorstellig geworden. Sie behaupteten, dass der Klaus ihre Brüste angefingert habe.

Daraufhin schaltete die Personalabteilung die Geschäftsführung ein. Die Firma war sehr auf einen guten Ruf bedacht. Das Hauptrisiko wurde darin gesehen, dass diese Information nach außen zur Presse gelangen konnte. Die Frauen hatten auch damit gedroht zur Presse zu gehen und dort ausführlich ihre Erlebnisse mit dem Klaus zu schildern.

In solchen Situationen ist die Unschuldsvermutung unwichtig. Man stelle sich die Schlagzeilen in der deutschen Presse oder im lokalen Fernsehen vor. „Frauen werden in amerikanischem Konzern missbraucht und belästigt."

Die Staatsanwaltschaft würde eine Untersuchung beginnen. Dies führt oft dazu, dass sich noch weitere Frauen melden und als Trittbrettfahrer aufspringen.

In amerikanischen Firmen gibt es einen sehr strengen Ethik Code. Dieser beinhaltet als Beispiel, dass ein Männerblick von länger als drei Sekunden auf eine Frau als lüstern gilt und ein Entlassungsgrund ist.

Was würde passieren, wenn die Firma nicht sofort reagiert:
Stellen wir uns die Frau Müller vor, die jeden Morgen vom Kollegen Schulz aufs äußerste strapaziert wird. Der Kollege Schulz, ein empathischer und einfühlender Kollege fragt ab und an, ob es Frau Müller gut geht und schaut ihr länger als drei Sekunden ins Gesicht. Die Frau Müller geht nun aufgrund der Anzeige der beiden fünfzigjährigen zur Personalabteilung. Sie beschwert sich über den Herrn Schulz. Dieser begafft sie morgens immer und es ist ihr höchst unangenehm.

Eine andere Kollegin hat einen Arbeitskollegen auf einem Bierfest getroffen und die beiden landeten nach etlichen Bierchen im Bett. Auch diese Kollegin meldet sich als Opfer. Sie wurde überrumpelt, abgefüllt und willenslos gemacht.

Die Lawine rollt über die Firma hinweg und der Skandal breitet sich aus. Erste Aufträge werden storniert und die Frau Staatsanwältin geht allen Fällen nach. Sie weiß ja, dass Männer am Arbeitsplatz ganz grundsätzlich Frauen missbrauchen und schlecht behandeln. So baut sich das ganze Kartenhaus immer mehr auf, aber es fällt nicht zusammen. Erst als der Chef und seine männlichen Kollegen im Vorstand gefeuert werden und der Konzern eine großzügige Entschädigung an die Opfer zahlte, beruhigt sich die Situation.

Was wirklich passierte:
Es ist also völlig egal, ob die Behauptungen stimmen. Die Geschäftsführung entlässt am selben Tag den Klaus durch einen Aufhebungsvertrag. Dadurch wurde der Skandal verhindert und dem Klaus die Zukunft nicht verbaut, sowie die Forderung der Frauen erfüllt.

Ich bin der Angelegenheit noch weiter nachgegangen. Die beiden Frauen zeigten hohe Krankenstände, waren unmotiviert und machten in der Arbeit viele Fehler. Die Fehler hatten dazu geführt, dass der Klaus als Verantwortlicher für diese Abteilung bereits ein Gespräch mit seinem Vorgesetzten hatte. Er war gewissermaßen wie ein Sandwich von oben und unten eingepresst.

Ich selbst bin einen Tag nach dem Ausscheiden von Klaus aus der Firma durch die Versandabteilung gegangen. Die Frauen haben mich siegesbewusst angeschaut und stolz gelächelt.

Ich verstehe die Reaktion der Firma vollständig. Es ist die Aufgabe einer Personalabteilung und Geschäftsführung, Schaden von der Firma abzuwenden.

Der Klaus hatte danach große Schwierigkeiten einen neuen Arbeitsplatz zu finden. Ich denke, dass solche Situationen auch prägend fürs Leben sind. Bei Bewerbungen ruft die neue Personalabteilung oft beim vorherigen Arbeitgeber an. Dies insbesondere bei einem mysteriösen Ausscheiden. Auch wenn die Sachbearbeiterin in der Personalabteilung die wahren Gründe nicht nennt, wird der neue Arbeitgeber sensibilisiert. Da war etwas nicht koscher, der Bewerber hat Minuspunkte. Falls der neue Arbeitgeber die Information bekommt, wird er von einer Anstellung absehen. Ein Stigma von sexuellen Übergriffen kann die Existenz von einem Mann und seiner Familie leicht vernichten.

Die Frauen bekamen einen neuen Chef, der sehr vorsichtig war. Er achtete darauf, niemals mit einer der beiden Frauen allein in einem Raum, Aufzug oder Treppenhaus zu sein. Mitarbeitergespräche fanden immer hinter einer Glasscheibe statt, so dass eine weitere Person als Augenzeuge zusehen konnte.

Dies löste allerdings nicht das Problem der mangelhaften Leistung der beiden Frauen. Niemand in der Firma hatte noch den Mut, die beiden Frauen anzusprechen, zu ermahnen oder zu rügen. Aufgrund der Geschichte hatten die beiden Frauen Narrenfreiheit. Der Führungsetage war es erste Priorität, einen öffentlichen Skandal zu vermeiden.

Das Schicksal oder die Karriere des Klaus und seiner Familie wurde dabei als unwichtig angesehen. Natürlich fand er nach einiger Zeit wieder eine Arbeit. Seine Frau hat zu ihm gehalten und somit konnte der finanzielle Schaden geringgehalten werden. Der psychische Schaden, ungerecht und unfair behandelt zu werden und den Job zu verlieren, dürfte schwer wiegen.

Es ist ein Unrecht, das in Firmen heutzutage ständig passiert. Männer haben dabei kaum Chancen auf Gerechtigkeit oder einer fairen Behandlung.

Geschäftsreise in Irland

Als wir im Jahr 2017 in Irland eine Geschäftsreise durchführten, war ich erstaunt, dass der dortige Geschäftsführer sein Büro komplett umbaute. Das Büro hatte ein großes Fenster nach innen. An dem Fenster saß seine Sekretärin, welche das Büro des Geschäftsführers von außen sehen und überwachen konnte. Der Schreibtisch im Büro des Chefs war so gestellt, dass der Schreibtisch eine Barriere zwischen Besucher und Chef darstellte.

Der Geschäftsführer erzählte mir den Grund. In mehreren anderen Firmen hatten Mitarbeiterinnen sich die Bluse beim Gespräch mit dem Chef aufgerissen und waren aus dem Büro gestürmt. Vor dem Büro hatten sie um Hilfe gerufen. Die Firmen hatten dann entweder eine Entschädigung gezahlt oder andere Bedingungen der Frauen erfüllt. Dies aus Angst vor Schlagzeilen in der Presse. Einen Gerichts Prozess kann ein Mann in einer solchen Situation nicht gewinnen.

Trotzdem hatten einige dieser Fälle den Weg in die irische Presse gefunden. Dies mag einigen Geschäftsführern und Chefs ungerechtfertigter Weise die Jobs gekostet haben.

Liebe unter der Brücke

Ich war in einem kleinen Unternehmen mit 20- 30 Mitarbeitern beschäftigt. Wir hielten bei Kundenfirmen Seminare ab und vermittelten technisches Wissen.

Ich gab ein Seminar über ein schwieriges Thema. Die Firma des Kunden war mehrere Autostunden entfernt. Die finale Fragerunde dauerte länger als geplant und es war bereits 18:00 Uhr, als wir das Seminar beenden konnten.

Eine Mitarbeiterin war mit mir gefahren, um während des Tages zu lernen und um mich nach Hause zu fahren. Ich hatte die Erfahrung gemacht, dass die Konzentration nach einem so langen Arbeitstag nachlässt und das Unfallrisiko beim Heimfahren mit dem Auto steigt.

Das Seminar verlief wie immer gut und routiniert. Ich war allerdings nach acht Stunden Vortrag und vielen Antworten auf Fragen absolut müde und erschöpft. Ich gab der Mitarbeiterin den Autoschlüssel und aktivierte das Navigationssystem.

Die Rückfahrt von 280 km ging über Landstraße und Autobahn. Das Navigation System leitete uns und ich fühlte mich völlig entspannt. Ich schlief tief und fest ein, nachdem wir losgefahren waren.

Ich wachte auf, als etwas an meiner Hose arbeitete. Als ich die Augen öffnete, bemerkte ich, dass das Auto unter einer Brücke stand. Was war geschehen und was geschah gerade mit mir.

Als ich verschlafen die Augen öffnete, sah ich als erstes einen schwarzen Fleck mit etwas Hellem darunter. Der schwarze Fleck entpuppte sich als die Schamhaare der Mitarbeiterin und bestanden aus einem schmalen Steg, der bis zur unteren Körperöffnung reichte. Die Haare um die Vagina waren komplett rasiert, es war schön anzusehen. Ein wenig Feuchtigkeit war in dem Schlitz zu sehen. Die Mitarbeiterin hatte den Rock geöffnet. Sie hatte keinen Slip an. Ich vermute, dass sie den Slip bereits in der Firma, als wir vor der Abfahrt auf der Toilette waren, ausgezogen hatte.

Die Bluse war geöffnet, der BH hochgezogen und zwei schöne Brüste mit dunklen Rosetten leuchteten mir erwartungsvoll entgegen.

Es dauerte einige Zeit, bis mir klar wurde, dass die Mitarbeiterin meine Hose geöffnet hatte und sich an meinem Besten Stück zu schaffen machte. Ehrlicherweise muss ich zugeben, dass es mir keineswegs unangenehm war. Mein Glied hatte bereits angefangen sich zu vergrößern. Eine warme, weiche Hand verwöhnte dieses Körperteil. Es kostete mir viel Kraft und Überwindung gegen die Natur anzukämpfen und den Zustand zu beenden. Es gibt im Leben Situationen, in denen das, was man tut, nicht das ist, was man tun wollen würde. Ich muss zugeben, dass ich gerne die Verwöhn - Einheit genossen hätte. Ich fühlte ich mich gleichzeitig überrumpelt und benützt und verlor die Lust.

Ich verließ das Auto und ging als erstes hinter einige Büsche zum Pinkeln. Dies gab mir einige Zeit, mich zu fassen und die Situation zu verstehen. Die Hose zog ich mir wieder korrekt an.

Als ich zum Auto kam, saß die Mitarbeiterin auf dem Fahrersitz und war korrekt angezogen.

Ich sagte: „Nichts". Ich bedeutete ihr, dass ich nun fahren würde und wir fuhren schweigend nach Hause. Ich brachte sie sicher nach Hause. Am nächsten Tag erwähnten wir die kurze Episode unter der Brücke in keinster Weise. Wir arbeiteten wie bisher gut zusammen.

Ich bin heute überzeugt, dass die Mitarbeiterin kein wirkliches Interesse an mir hatte, sondern sich Vorteile verschaffen wollte. Ich will auch nicht mit dem moralischen Zeigefinger winken, denn solches Verhalten einer Frau ist in unserer heutigen Gesellschaft toleriert und wird als klug gutgeheißen.

In dieser kleinen Firma war ich gut aufgehoben. Wenn ich in einem Konzern beschäftigt gewesen wäre, so hätte die Mitarbeiterin mich ruinieren können. Stellen Sie sich eine Mitarbeiterin vor, die mit verheultem Gesicht am nächsten Morgen zur Personalabteilung geht und dort eine Anzeige macht: „Der Vorgesetzte hat mich aufgefordert ihm einen zu blasen." Vielleicht hätte sie sogar ein Foto meines besten Stückes geschossen. Wie würde eine Firma, welche auf einen guten Ruf bedacht ist, reagieren.

Ich denke, dass die Möglichkeiten meinen Ruf, in solche einer Situation und mit dieser Anschuldigung ruiniert wäre. Mein Change aus solch einer Situation unbeschädigt heraus zu kommen wäre gering. Ich hätte vermutlich am selben Tag einen Aufhebungsvertrag bekommen und mein Job würde vielleicht sogar von der Mitarbeiterin besetzt. So wäre sie die Karriereleiter nach oben gefallen und hätte sich gegen ihren Vorgesetzen durchgesetzt.

Viele Kolleginnen würden ihr gratulieren. Die Frauenpower und Feminismus hätten wieder eine Schlacht um die Gleichberechtigung gewonnen. Natürlich wäre ich als Mitarbeiter einer größeren Firma nicht mit einer Kollegin allein zu einem Seminar gefahren. Männer sind gutmütig aber nicht dumm.

Das durchsichtige Nachthemd

Etwa ein Jahr später wollte ich mit einer anderen Mitarbeiterin zum Kunden fahren. Wir hatten vereinbart, dass ich sie abhole. Dies war sinnvoll, denn ihre Wohnung lag auf dem Weg zum Kunden. Sie war verheiratet, jedoch ohne Kinder. Deshalb hatte ich keine Bedenken. Nach dem Vorfall in der vorigen Geschichte war ich vorsichtiger geworden mit den Mitarbeiterinnen.

In einem Gespräch vor einigen Wochen, hatte sie mir erzählt, dass sie in der Ehe unglücklich sei. Ihr Mann war vor Jahren fremd gegangen und sie konnte ihm nicht verzeihen. Es war mir immer wichtig, für solche Geschichten und Gefühle Zeit zu haben. Allerdings habe ich Mitarbeiter oder Mitarbeiterinnen niemals aufgefordert oder ermutigt mir ihr Privatleben oder ihre Traumata mitzuteilen.

Als ich die Klingel betätigte, kam eine Stimme über die Türanlage, dass sie noch kurze Zeit benötigt. Ich sollte nach oben kommen und nicht vor der Türe warten, es gibt einen Kaffee. Ich hatte keine Bedenken, in die Wohnung zu gehen und dort zu warten, statt im Auto.

Als ich die Wohnung betrat, empfing mich eine schöne Frau. Das durchsichtige Nachthemd war offen und ich sah zwei sehr rosige, knackige Brüste hervorschimmern. Sie hatte keinen Slip an und keine Schamhaare, sondern war komplett rasiert. Die unteren Lippen waren groß und rot. Zwischen dem Schritt und den roten Schamlippen sah ich etwas Weißes. Ich konnte nicht sehen, ob es Scheidenfeuchtigkeit war oder Creme, um die Vagina gleitfähig zu machen.

Es war sehr verlockend. Die Schlafzimmer Türe stand offen. Die Mitarbeiterin flötete, dass ihr Mann bereits in der Arbeit sei und wir Zeit hätten.

Es gibt Situation, die nicht zu gewinnen sind. Meinem Gefühl nachzugeben, wäre ein schöner Augenblick gewesen, ein Highlight des Lebens. Langfristig wäre ich erpressbar geworden. Es kostete mir Willenskraft, um Nein zu sagen.

Ich sagte, dass ich draußen warten würde, dreht mich um und wartete im Auto, bis die Mitarbeiterin nachkam. Sie war nicht sonderlich verlegen. Natürlich dürfen Frauen einen Mann verführen. Sie fühlte sich auch im Recht ihrem Mann gegen über, der sie ebenfalls betrogen hatte.

Ich selbst hatte ebenfalls kein schlechtes Gefühl, denn ich hatte nichts Falsches oder Verwerfliches gemacht. Allenfalls dachte ich, dass es vielleicht dumm war, solch eine gute Gelegenheit auszulassen.

Die Situation mit umgekehrten Rollen:

Ich habe gerade ein wenig vor mich hingeträumt und die Situation umgedreht. Ich hatte einen offenen Bademantel an; mein Speer steif dem Himmel sich zuneigend. Nun kommt die Mitarbeiterin bei der Haustüre herein. Was würde nun geschehen:

- Sie erkennt die Situation und erotisiert sich. Wir landen zusammen im Bett. Es macht Spaß!
  o Sie denkt an die nächste Gehaltserhöhung? Sie kann die Situation ausnützen?
  o Wir arbeiten in einem Konzern und sie geht am nächsten Tag weinend zur Personalabteilung? Sie steigt die Karriereleitung hinauf.
  o Es ist eine kurze Episode der Freude und wir fahren zum Kunden. Wir sprechen nicht mehr über die Situation
- Sie erkennt die Situation und verlässt sofort die Wohnung.
  o Sie wartet im Auto auf mich und wir fahren zum Kunden. Am nächsten Tag meldet sie das Geschehen der Personalabteilung.
  o Sie fährt direkt in die Firma und berichtet der Personalabteilung das Geschehene.
  o Sie hat ein Foto geschossen und nützt die Situation für eine Gehaltserhöhung
  o Sie informiert ihre Freunde und sendet das Foto via Facebook herum.

Unterbrechen wir den Alptraum. Mit erschrecken stelle ich fest, dass diese Situation nicht wünschenswert ist. Eine ähnliche Situation und doch in den Konsequenzen völlig unterschiedlich.

Was Frau darf und von der Gesellschaft als erotisch, verführerisch, akzeptabel anerkannt und toleriert wird macht ein Mann besser nicht.

Würde ein Mann die Kollegin im Bademantel empfangen, so ist dies völlig schockierend, inakzeptabel, eklig, die Situation ausnützend. Die Konsequenzen für die Karriere können katastrophal sein. Also besser Finger weg!

#MeToo Beförderungen

Was geschieht, wenn man solchen sanften Verführungen nachgibt, konnte ich bei einem Kollegen erleben. Wir wunderten uns schon, dass er sein Verhältnis zu einer jungen Kollegin während einer Geschäftsreise verbessert hatte.

Es kommt ja vor, dass Kollegen und Kolleginnen eine Geschäftsreise nützen, um sich auszusprechen und sich danach hoffentlich besser verstehen.

Als er der Mitarbeiterin das Gehalt am Jahresende stark erhöhte, erschien es mit unangemessen. Er verteidigte die Mitarbeiterin jedoch so stark, dass wir einverstanden waren. Ich beobachtete deswegen die Mitarbeiterin stärker. Leider musste ich feststellen, dass die betriebliche Leistung bestenfalls mittelmäßig war. Als der Kollege die Mitarbeiterin dann auch noch für eine Beförderung vorschlug, kam die wahre Geschichte ans Licht.

Am Abend während der Geschäftsreise schaute der Kollege wohl zu tief ins Glas oder er wurde von der Mitarbeiterin abgefüllt. Die Mitarbeiterin hatte an dem Abend wenig getrunken.

Er wachte am nächsten Morgen im Hotelzimmer auf, mit der nackten Frau neben sich. Er konnte sich nebulös erinnern, dass die Mitarbeiterin am Vorabend mit ihm auf Zimmer ging. Die beiden hatten Sex miteinander. Im Gegensatz zur Mitarbeiterin war er betrunken und handelte nicht berechnend, rational und seriös.

Er war ein Single und ohne Familie. Die Firma war ein Kleinunternehmen mit etwa 30 Mitarbeiten. Deshalb war das Risiko für die Firma überschaubar. Die verheiratete Frau hatte ebenfalls kein Interesse, die Angelegenheit öffentlich zu machen.

Ich hoffte, der Kollege würde es sich in Zukunft gut überlegen, die sexuellen #MeToo Angebote von Mitarbeiterinnen anzunehmen.

Einige Monate später war er mit einer anderen Mitarbeiterin im Lager zu Gange. Natürlich fragte ich bei der Frau nach, ob Druck oder Missbrauch vorliegen würde. Dies war nicht der Fall und die Frau verteidigte ihn. Selbstverständlich hätte sie diese Situation zum Nachteil der Firma ausnützen können. Wahrscheinlich hätten wir mit ihr einen Vertrag mit Schweigepassage abgeschlossen und gezahlt.

Kleine Firmen sind nicht so sehr in Druck, Mitarbeiter bei ‚#MeToo Situationen sofort zu entlassen. Der Kollege ist nicht mehr Teil der Belegschaft, denn er kündigte einige Monate später.

Es gibt schwierige zwischenmenschliche Situationen. Ich persönlich denke, dass es am besten ist, am Arbeitsplatz auf Sex zu verzichten.

Hier will ich jedoch betonen, dass keinesfalls nur Männer Druck ausüben um mit armen Opferfrauen Sex zu haben. Dieses feministische Opfer Gedankengut spricht den emanzipierten Frauen den Verstand, den Willen und den Sexualtrieb ab.

Benimm Regeln in USA

Ich arbeitete einige Jahre als Ingenieur in einem mittelständischen Unternehmen. Ich musste eine Kollegin aus USA am Flughafen abholen. Sie hatte zwei schwere Musterkoffer zu tragen. Ich nahm ihr einen Koffer ab, um höflich zu sein. Sie beschwerte sich am nächsten Tag bei der Geschäftsleitung. Mein Verhalten, ihr beim Koffertragen zu helfen, hätte gezeigt, dass ich Frauen verachte. Weil sie eine Frau ist, hatte ich ihr geholfen. Ehrlicherweise muss ich gestehen, dass ich auch einem männlichen Kollegen beim Schleppen geholfen hätte. Ich bin nicht schwul, wenn sie das nun denken, sondern nur nett und höflich.

Also, einer Kollegin auf keinen Fall eine Last abnehmen außer sie selbst fragt um Hilfe. Diese ungefragte Hilfe wird in den angelsächsischen Ländern als Macho Gehabe ausgelegt.

Zur Begrüßung **schüttelt man sich kurz die Hände, wobei direkter Augenkontakt und ein fester Händedruck sehr wichtig ist**. Jemand, der seinem Gegenüber nicht direkt und fest in die Augen sehen kann, gilt unter Amerikanern als unglaubwürdig. Männer warten dabei, ob eine Frau ihre Hand zum Händedruck anbietet. Eine Frau nicht zum Händedruck nötigen... das wäre Nötigung! Bei Frauen ist es unbedingt nötig, den Augenkontakt nicht auszudehnen, um den Vorwurf des lüsternen Blickes zu vermeiden.

Einer Frau in den Mantel zu helfen oder der Spruch „Ladies First" ist absolut tabu. Einer Frau ohne Aufforderung die Hand zu geben, kann als Macho Gehabe ausgelegt werden. Man kann in einer Runde von einer zur anderen die Hand geben oder vom Ranghöchsten abwärts. Niemals einer Frau aufgrund des Geschlechtes zuerst die Hand reichen. Die Hand niemals einer Frau aufdrängen.

Körperkontakt vermeiden!

Im Gegensatz zu Deutschland werden Frauen und Männer in USA aufgrund ihrer Leistung befördert. Eine Bevorzugung von einer Frau aufgrund des Geschlechtes ist zu unterbleiben. Während deutsche Männer, insbesondere im Staatsdienst die permanente Diskriminierung als normal empfinden, gilt in USA das Leistungsprinzip.

Die Beförderung, aufgrund der Schulabschlüsse ohne die Eignung für einen Job zu berücksichtigen ist ein deutsches Phänomen. USA Firmen und Behörden machen es besser.

Es ist sehr riskant mit einer Kollegin allein im Auto zu fahren. Allein mit einer Frau im Treppenhaus, im Fahrstuhl oder im Lager sind gefährliche Situationen. Es ist besser, die Treppe zu nehmen, wenn eine Frau allein im Fahrstuhl ist oder auf den nächsten Lift zu warten.

Grundsätzlich ist es riskant mit einer Frau ohne Zeugen allein zu sein. Solche Situationen können immer missdeutet und von der Frau ausgenützt werden

Grundsätzlich sind sexuelle Beziehungen am Arbeitsplatz nicht akzeptabel. Im Januar 2020 trat Googles Chefjurist David Drummond wegen einer Affäre mit einer Arbeitskollegin zurück. Im selben Jahr musste McDonalds-Chef Steve Easterbrook gehen. Auch er hatte eine Beziehung mit einer Angestellten. Diese Regel gilt auch bei einvernehmlichen Beziehungen.

Die Bürotüren sind in USA meist offen. Das bedeutet nicht, dass man einfach eintreten kann. Man legt eine Hand an den Türrahmen und fragt höflich: „Hi Sarah, you have few minutes to talk about …"

Endlich ein weiblicher AZUBI

Wir waren ein Start-up und konnten und keinen Reinigungsservice leisten. Wir stellten wenige Monate nach der Gründung die ersten Auszubildenden für den Beruf des Elektronikers ein. Diese bekamen zur Aufgabe die Küche aufzuräumen und die Toiletten zu putzen. Die Mütter nahmen dies sehr positiv auf: „Dann erlernen die Jungs auch mal das Putzen und wissen wie das ist."

Ein Jahr später stellten wir die erste Auszubildende ein für den Beruf Bürokauffrau. Als wir den Einteilungsplan für „Küche und Toilette putzen" besprachen, erschien am nächsten Tag die Mutter. Sie sagte: „Die Putzarbeiten sind nicht Teil der Ausbildung. Sie ist ein Mädchen und macht solche Arbeiten nicht." Glücklicherweise hatten wir zu dieser Zeit Geld um eine Reinigungsfirma zu bezahlen.

Als die Auszubildende schon einige Monate arbeitete, hatte ich Kunden zu Besuch. Ich war im Stress und bat die Auszubildende uns einige Tassen Kaffee aus der Maschine zu lassen. Wir hatten eine automatische Kaffeemaschine. Ein Knopfdruck und die Maschine mahlte, brühte und füllte die Tasse. Das Mädchen brach in Tränen aus. „Bei uns macht diese Arbeit der Papa. Ich soll diese Arbeit machen, weil ich ein Mädchen bin."
Ich fragte einen der männlichen Auszubildenden. Dieser brachte uns wenige Minuten später die gefüllten Kaffeetassen.

Ich muss noch erwähnen, dass wir erhebliche Probleme mit der Reinigungsfirma bekamen. Die Damen Toilette war oft so verunreinigt, dass die Reinigungskraft sich weigerte, zu putzen. Das Vorurteil, dass Männertoiletten schmutziger sind als Frauentoiletten wurde damit in einem praktischen Versuch leider widerlegt.

Girls´ Day

Der Girls' Day ist ein Aktionstag, welcher einmal im Jahr stattfindet. Mädchen und Frauen sollen motiviert werden, Berufe aus den Bereichen Handwerk, Technik, Mathematik, Naturwissenschaften, Informatik und Forschung zu ergreifen. Der Girls'Day soll dazu beitragen, den Anteil der weiblichen Beschäftigten in sogenannten „Männerberufen" zu erhöhen und den Fachkräftemängel, insbesondere in den MINT-Fächern zukünftig und langfristig zu verringern.

Als eine Hauptschule das Konzept eines Girls´Day in unserer Firma vorstellte, waren wir begeistert. Grundsätzlich finde ich es gut, wenn die Trennung von Berufen nach Geschlechtern aufgeweicht wird.

Wir haben uns Mühe gegeben und den teilnehmenden Mädchen die Berufe im Bereich Mechanik und Elektrotechnik sowie IT gezeigt. Am Abend zum Abschluss des Girls´Day befragten wir die Teilnehmerinnen. Der Tag war gut angekommen. Als wir nachfragten, welche Berufe die Mädchen anstrebten kamen folgende Antworten:
„Verwaltungsfachangestellte und Bürokauffrau, Qualitätssicherung und Marketing"

Wir fragten nach, warum keines der Mädchen einen MINT Beruf lernen wollte:

- Schmutzige Hände
- Geringer Verdienst in typischen Männerberufen (bei Vollzeit)
- Image eines Berufes
- Wollen später Teilzeit arbeiten

Feministische Gehaltsverhandlungen

Wir stellten grundsätzlich die Mitarbeiter und Mitarbeiterinnen ein, welche wir für den Job am geeignetsten fanden. Wir machten keinen Unterschied zwischen Frau und Mann. Ich persönlich halte die Beförderungen rein nach Geschlecht, welche wir in den deutschen Verwaltungen sehen, für kritisch. Die Qualität des Personals, gute qualitative Arbeit zu liefern, lässt gerade im Staatsdienst durch die Negativauswahl sehr nach. Dies wurde während der Corona Krise sehr deutlich.

Allerdings gibt es schon einige Erfahrungswerte. Wir hatten sehr gute Erfahrungen mit schwulen Männern. Diese waren sehr zuverlässig, loyal und fleißig. Weibliche Ingenieure wollten nach wenigen Jahren der Berufserfahrung in Stabsstellen wie Qualitätssicherung wechseln. Den Teilzeitwunsch, der bei vielen Frauen spätestens mit Kindern aufkommt, kann eine kleine Firma schwer erfüllen. Mich wunderte, dass viele Frauen auch dann noch Teilzeit arbeiteten, wenn die Kinder bereits älter waren.

Bei Gehaltsverhandlungen treten Frauen viel massiver auf. Ihr Bewusstsein ist eine gefühlte Benachteiligung aufgrund des Geschlechtes. Hier ist die ständige Gehirnwäsche unserer sogenannten Mogelpresse mit verantwortlich. Frauen glauben immer zu wenig oder weniger als die männlichen Kollegen zu verdienen. Daher sind die Gehaltsforderungen von Frauen massiver als von Männern und oft unangemessen hoch.

Frauen lehnen bestimmte Arbeiten eher ab als Männer. Dies ebenfalls aus dem Glaubenssatz, dass sie bestimmte Arbeiten deshalb bekommen, weil sie Frau sind. Dies auch dann, wenn der Chef überhaupt nicht an die Frauen - oder Männerrolle denkt.

Wenn bei einer Person sich das Gefühl einer Benachteiligung manifestiert hat, dann fühlt sich diese Person oft völlig unberechtigt benachteiligt. Dies kann in der Auswahl der Arbeit sein. Die unangenehmen und schmutzigen Arbeiten werden ohnehin tendenziell eher von Männern erledigt.

Wir sehen heute in der öffentlichen Verwaltung, bedingt durch die weiblichen und feministischen Gleichstellungsberechtigten eine strikte Trennung nach Geschlechtern. Die Arbeiten wie Müllabfuhr, Kanalarbeiten, Straßenarbeiten sind den Männern vorbehalten. Büro, Verwaltung und die Vorgesetztenpositionen sind den Frauen vorbehalten.

Die falsche Information, dass Frauen grundsätzlich und immer weniger verdienen als Männer im selben Job zeigt Auswirkungen. Die Frauen fühlen sich benachteiligt und unterbezahlt.

Auch den Beamten wird ständig eingeredet, dass sie ganz wenig und viel weniger verdienen. verdienen. Eine arme beamtete Lehrerin mit 4500 Euro netto kann sich die morgendlichen Brenzeln und Semmeln leisten. Doch was nützt ein sehr gutes Gehalt, wenn man sich arm und unterbezahlt fühlt. Das Gefühl, unterbezahlt und ungerecht behandelt zu sein, nagt genauso wie das Gefühl benachteiligt zu werden.

Frauen und Mädchen ein Benachteiligungsgefühl permanent und penetrant im öffentlich-rechtlichen Staatsfernsehen zu vermitteln beeinträchtigt deren Lebensqualität.

Patienten und Patientinnen

In diesem Kapitel will ich einige Erfahrungen aus meinem Berufs-
alltag in der Gesundheitsbranche mitteilen. Interessanterweise
leiden viele Frauen unter Unrecht, das Frauen anrichten. Werden
ohne Rücksicht auf Verluste die Männer benachteiligt, abgestempelt oder verurteilt, so gibt es oft Frauen, welche mit ihren
Männern darunter leiden.

Lassen Sie mich ein Beispiel geben. Wir haben ca. acht Millionen
Alkoholiker in Deutschland. Die meisten sind männlichen Geschlechtes. Die Gewalt gegen Frauen sind zu 80 – 90 % Alkoholdelikte. Alkoholerkrankungen sind vor allem Männererkran-
kungen. Die Politik könnte vielen Frauen Leid ersparen, wenn in
diesem Fall die Männergesundheit gefördert würde, indem der
Alkoholmissbrauch eingedämmt wird. Maßnahmen zur Männergesundheit haben in Deutschland keine Priorität, so müssen
wohl noch viele Frauen leiden. Es hilft dann auch nicht, wenn
man die Anzahl der Frauenhäuser erhöht, statt die Ursache zu
bekämpfen.

Die Vergewaltigung

Eine etwa vierzigjährige Frau kam mit ihrem zehnjährigen Sohn in die Praxis. Der Sohn hatte massive Probleme mit dem Bewegungsapparat. In einer Fachklinik hatte man ihm bereits Metallbolzen durch die Fersen geschossen, um die Füße zu begradigen. Die Füße waren krumm, weil das Becken und die Wirbelsäule schief waren. Die Füße sind als unterster Teil unseres Körpers stark belastet und müssen das Gewicht des Körpers tragen.

Es macht keinen Sinn, sich über unser Gesundheitssystem auszulassen. Ab und an können wir Statistiken vergleichen. Die Kosten für das deutsche Gesundheitssystem sind hoch, die Qualität mittelmäßig und die Behandlung von Kassenpatienten inakzeptabel. Die Lebenserwartung der Deutschen Nichtbeamten ist niedrig im Vergleich zu den hohen Kosten des unzulänglichen Gesundheitssystems.

Die Frau war ein Nervenbündel und vom Leben und der Gesellschaft enttäuscht. Sie erzählte mir ihre Geschichte.

„Ich lernte vor elf Jahren die Liebe meines Lebens kennen. Wir verstanden uns bestens und die ganze Beziehung war perfekt. Er war einfühlsam, liebevoll und gleichzeitig ein konsequenter, verantwortungsbewusster Mann mit gutem Einkommen. Als ich schwanger wurde, beschlossen wir zu heiraten. Es war eine schöne Hochzeit mit Kirche und viele Freunde waren gekommen. Wir waren glücklich.

„Kurze Zeit nach der Hochzeit fand eine polizeiliche Befragung statt. Mein Mann hatte schon zwei Jahre, bevor wir uns kennenlernten mit seiner damaligen Freundin Schluss gemacht.

Die Freundin war ihm zu krass, zu launisch und zu gestört gewesen. Die Frau wollte damals unbedingt ein Kind. Dies hatte nicht geklappt und war von dem Mann damals auch nicht gewollt gewesen. Die Freundin behauptete, von meinem Mann vergewaltigt worden zu sein."

Aussage gegen Aussage, denn Zeugen gab es keine. Eine von der Richterin bestellte Psychologin erstellte ein positives Gutachten über die anscheinend missbrauchte Frau. Ihr wurde Glaubhaftigkeit und psychische Gesundheit bestätigt. Der Mann hingegen wurde als gewalttätig und jederzeit zu einer solchen Tat fähig beurteilt und ein entsprechendes Gefälligkeitsgutachten erstellt.

Die Staatsanwältin und Richterin machten einen kurzen Prozess.

„Mein Mann wurde nahezu nach den Flitterwochen zu einer mehrjährigen Gefängnis Strafe verurteilt. Er war ein sensibler Mann, der in der harten und rohen Umgebung eines Gefängnisses nicht klarkam. Andere Gefangene verübten Gewalt an ihm. Als Außenstehender, der er war unter den Knackies ein Exot wurde er gemobbt und gepeinigt. Die weiblichen Aufseherinnen und Justizbeamten machten ihm, dem vermeintlichen Vergewaltiger die Gefängnisstrafe zu Holle."

Als der Sohn fünf Jahre alt war wurde der Ehemann als gebrochener Mann aus dem Gefängnis entlassen. Im Gefängnis war er gealtert und krank geworden. Er konnte nur kleine Schritte machen und ging nach vorn gebeugt wie ein alter Mann. Das ihm zugefügte Unrecht hatte ihn gebrochen.

Die Ehefrau und der Sohn hatten sich auf die Entlassung gefreut. Sie versuchten den geliebten Mann zu erreichen, aber er konnte nachts nicht schlafen, kaum essen und was er aß, wurde sogleich erbrochen.

118

Er überlebte das Gefängnis um ein halbes Jahr.

Ich konnte mich in die Situation hineinfühlen. Der Junge war durch die Situation schwer belastet. Ist dies ein Rechtsstaat? Ich würde als Richter die Frage stellen, warum erst zweieinhalb Jahre nach dem Missbrauch eine Anzeige erfolgt. Ferner stand Aussage gegen Aussage. Gab es irgendwann in Deutschland die Unschuldsvermutung. Diese gibt es, aber nicht für Männer!

Dies ist kein Einzelfall. In unserem Staat wird oft nach Geschlecht statt nach Fakten entschieden. Die Tränen einer Frau gelten als absoluter wahrer Beweis. Männer sind in unserem Rechtsstaat inzwischen zum Freiwild verkommen. In der Presse lesen wir ständig von Untaten von Männern, eine Vorverurteilung findet regelmäßig statt. In jedem Mann wird der Vergewaltiger gesehen. Diese Vorurteile leben die Richterinnen aus.

<u>Alternativ Erlebnis:</u>
Die Schwester eines Bekannten wurde vergewaltigt. Der Vergewaltiger wurde mangels Beweise freigesprochen, obwohl die Schwester durch die Vergewaltigung schwer verletzt wurde. Sie war sogar im Krankenhaus, in dem die Verletzungen dokumentiert wurden. Eine Vergewaltigung konnte laut Richter nicht einwandfrei nachgewiesen werden. Dieses Urteil habe ich nicht verstanden.

Erstes Buch Mose 39, 1–39:
Josef wurde nach Ägypten gebracht und dort als Sklave an den Hofbeamten Potiphar verkauft. Josef war schön von Gestalt und Aussehen und schon bald warf die Frau des Potiphar einen Blick auf ihn und sagte: Schlaf mit mir! Obwohl sie Tag für Tag auf ihn einredete, hörte er nicht auf sie. Eines Tages kam er ins Haus, um seiner Arbeit nachzugehen. Niemand vom Hausgesinde war anwesend.

Sie packte ihn an seinem Gewand und sagte: Schlaf mit mir! Er beließ sein Gewand in ihrer Hand und lief hinaus. Sie rief nach dem Hausgesinde und sagte zu den Leuten: Seht nur! Er hat uns einen Hebräer ins Haus gebracht, der seinen Mutwillen mit uns treibt. Er ist zu mir gekommen und wollte mit mir schlafen; da habe ich laut geschrien. Als er hörte, dass ich laut aufschrie, ließ er sein Gewand bei mir liegen und floh ins Freie. Sie ließ sein Kleid dann bei sich liegen, bis der Herr nach Hause kam. Ihm erzählte sie die gleiche Geschichte... Als dieser das hörte, packte ihn der Zorn. Er ließ Josef ergreifen und in den Kerker bringen ...

Im Mittelalter wurden Vergewaltigungen oft vorgetäuscht. Der Beschuldigte wurde verpflichtet, die Frau zu heiraten. Dies war eine gängige Methode für eine Frau um die Versorgung sicher zu stellen.

In seinen „Ergötzlichen Geschichten" nahm sich der französische Schriftsteller Honore de Balzac des ewigen Problems an und stellte fest, dass man nicht einfädeln könne, wenn eine Nadel nicht stillhält. Der Franzose erkannte zudem, dass man mit hoch geschobenem Rock immer noch schneller laufen könne, als mit heruntergelassener Hose. Eine Vergewaltigung sei nicht möglich, erklärte der Schriftsteller.

Empirische Untersuchungen weisen eine geringe Quote von falschen und vorgeschobenen Anschuldigungen aus.

Die Klärung der Frage, vergewaltigt oder vorgetäuscht ist nicht immer einfach. Das Ergebnis der Untersuchung ist von existenzieller Bedeutung. Für Opfer, denen nicht geglaubt wird ist es traumatisch. Allerdings auch für Angeschuldigte, die keine Tat begangen haben.

Der überliebte Sohn

Ich arbeitete einige Zeit mit einer Sozialpsychologin zusammen. Diese schickte mir Kinder zu Behandlung. Der Junge war dreizehn Jahre alt und wuchs bei der ledigen Mutter auf. Er war in der Schule auffällig geworden. Im Unterricht war er unkonzentriert und reagierte teilweise aggressiv.

Im Gespräch mit der Frau lernte ich, dass sie schon viele unbefriedigende Beziehungen mit Männern hatte. Auch der Junge war das Unglück einer kurzen Liebesbeziehung. Die Mutter hatte viele negative Einstellungen und Glaubenssätze über Männer.

Diese seinen gefühllos, aufgrund des Geschlechtes schlecht und machen Frauen ständig herunter. Ihre Erwartungen an einen Mann waren:
• Gutes Einkommen
• Einfühlsam mit festem Charakter
• Er sollte ihr mangelndes Selbstbewusstsein aufbauen
• Treu, er sollte keine anderen Frauen haben und ihre Affären, die sie sich als emanzipierte Frau zugestand akzeptieren.
• Der Anforderungskatalog war lang und ich dachte, dass es keinen Mann geben konnte, der ihre Ansprüche erfüllen könnte. Vielleicht der liebe Gott?

Der Junge war also mit einer Mutter mit ständig wechselnden Männern aufgewachsen. Die Mutter hatte ihm das Bewusstsein, dass Männer und damit auch der Sohn schlecht sind, eingepflanzt. Zusätzlich hatte er als Kind die Rolle des Partners eingenommen. Ich denke, dass der Junge überfordert war.

Der Junger selbst kam mir ziemlich in Ordnung vor. Im Gespräch gab er bereitwillig Antworten. Wir konnten ein Vertrauensverhältnis aufbauen.

Als er dreizehn geworden war, vertraute er sich der Sozialpsychologin an. Seine Mutter hatte Sex mit ihm. Ich weiß natürlich, dass Mütter seit Hitler heilig sind. Im Nationalsozialismus wurde nicht nur der Muttertag hochgehalten. Das Muttersein wurde geheiligt, denn der Staat brauchte Soldaten. Dass eine Mutter ihren Sohn missbraucht, ist gemäß dem Ehrenkodex der sogenannten Mogelpresse und der Gutmenschen unmöglich.

Die Sozialpsychologin schickte die Mutter mit dem Sohn zu einer Psychologin. Da Mütter ihre Jungen nicht missbrauchen, sah es die Psychologin als ihre Aufgabe an, dem Jungen die Lügen auszutreiben. Dies ging so weit, dass dem Jungen eine Abschiebung in ein Heim angedroht wurde, falls er seine Lügen nicht widerrufen würde.

Die Sozialpsychologin war außer sich. Der Junge verstummte. Die Sozialpsychologin betreute den Jungen mehrere Jahre. Als ich sie vor Kurzem traf, fragte ich sie nach dem Jungen. Sie konnte bewirken, dass der Junge tagsüber betreut wurde. Er fand seinen Weg und begann eine Lehrstelle.

Die Natur will dem Missbrauch oder Inzest zwischen leiblichem Vater und Tochter verhindern. Deshalb haben die leiblichen Töchter einen Körpergeruch, der den leiblichen Vater sexuell nicht anzieht.

Die Natur hat keine Barriere in der Beziehung Mutter zu Sohn aufgebaut. Es gibt eine Studie, dass der Missbrauch von Jungen durch die leiblichen Mütter nicht so selten ist, wie wir glauben. Solche Fälle werden verschwiegen oder von Psychologinnen erfolgreich im Sinne der Mütter behandelt, wie in dem Beispiel oben.

Missbrauch zwischen leiblichen Vätern und Töchtern ist selten. Der Missbrauch von Mädchen in der Familie passiert mehr durch Stiefväter, Onkel oder Verwandte und Bekannte.

Der Missbrauch von Jungen wird als Tabuthema angesehen oder toleriert. Innerhalb der Familien ist der Missbrauch von Jungen selten und wird kaum aufgedeckt. Missbrauch von Jungen erfolgt meist außerhalb der Familie zum Beispiel durch Pädophile (meist Männer). Das Risiko, dass ein Missbrauch von Jungen aufgedeckt wird, ist gering. Selten kommt es zu einer Bestrafung.

Die missbrauchte Patientin

Eine Patientin kam zu mir mit Rückenschmerzen. Sie war etwa 24 Jahre alt. Es war eine sehr schöne Frau, schlank mit langen Haaren, die bis zur Hüfte reichten.

Sie hatte Depressionen und war bei einer Psychologin in Behandlung. Nach einigen Sitzungen behauptete die Psychologin, dass die junge Frau in der Kindheit missbraucht worden sei.

Sie hatte dazu keinerlei Erinnerungsvermögen. Ihr Vater war immer ein liebevoller Vater gewesen. Natürlich musste sie den Vater mit den Vorwürfen konfrontieren. Er stritt alles ab. Die Ehe zwischen ihrer Mutter und dem Vater war durch den Missbrauchsvorwurf sehr belastet. Die Mutter betonte, dass sie von dem Missbrauch nichts wusste.

Das Vertrauen in die Psychologin war sehr groß. Die Ehe der Eltern ging zu Bruch und die Patientin hat den Kontakt zu ihrem Vater abgebrochen.

Ich fragte, ob es irgendwelche Beweise für die Behauptung der Psychologin gäbe. Die Psychologin hatte leichtsinnig eine Diagnose gestellt ohne Beweise oder Hinweise. Die Psychologin war so sehr diesem Dogma verfallen, dass alles Unheil dieser Welt durch Männer verursacht wird, dass sie ohne Bedenken das Leben dieser jungen Frau sehr belastet hat.

Mutwillig wurde eine Familie zerstört. Die junge Frau wird lange an dieser Diagnose leiden.

Erst kürzlich fragte mich eine Kollegin in einem ähnlichen Fall um Rat. Auch bei ihrer Patientin hatte eine Psychologin Missbrauch diagnostiziert ohne Beweise und ohne, dass die Patientin sich erinnern konnte. Für die Patientin war dies eine große seelische Belastung.

Die Psychologinnen scheinen heute so sehr von den Dogmen des Feminismus geprägt zu sein, dass sie den gesunden Menschenverstand als auch alle neueren wissenschaftlichen Studien ignorieren.

Die Psychologie in Deutschland hat sehr geringe Behandlungserfolge.

Bei Alkoholkranken ist, um ein Beispiel zu nennen die Erfolgsquote unter 5%. Das ganze System ist völlig veraltet und verknöchert. Nach dem Entzug sollten die Kranken sofort und ohne Zwischenpause in eine monatelange REHA kommen. Leider werden die Kranken nach Hause geschickt und warten dort wochenlang auf den Beginn der REHA. In dieser Zwischenzeit beginnen die meisten wieder zu trinken. Unser Gesundheitssystem ist nicht einmal in der Lage, solche einfachen zeitlichen Abfolgen zu koordinieren. Alkoholerkrankungen sind eine der wichtigen Ursache von Gewalt gegen Frauen.

Alkoholkranke oder im Allgemeinen Suchtkranke suchen einen Grund für ihr Verhalten. Für die Psychotherapie nach Freud liegen alle Ursachen in der Kindheit. Dies gibt den Suchtkranken eine ideale Projektionsfläche. Die Opferhaltung verhindert, dass ein Suchtkranker die Verantwortung für sein Leben übernimmt. Bei Suchtkranken im fortgeschrittenen Stadium ist ein Kontaktabbruch mit den Eltern häufig und wird von den Psychologinnen in der Regel unterstützt.

Dr. Freud hat vor über 125 Jahren eine bahnbrechende Theorie aufgestellt und die Psychologie begründet. Leider hat sich seit damals wenig in den Behandlungsmethoden und den Dogmen seiner Theorie geändert.

In den letzten 125 Jahren hat die Gehirnforschung viele bahnbrechende Entdeckungen gemacht, welche in keinster Weise in die Behandlungsmethode der Psychoanalyse eingeflossen sind. Es ist heute hinreichend bekannt, dass das Gehirn selbst im Alter noch lernfähig ist und ständig neue Verknüpfungen erzeugt. Wir können uns selbst im Alter noch ändern und erneuern.

Prägend für Menschen ist nicht nur die Kindheit, sondern auch andere Faktoren wie das soziale Umfeld, die Pränatale Phase und Bezugspersonen. Die Pränatale Phase und die Kindheit sind zu etwa 25%, die Genetik zu 25% und wir selbst zu 50 % prägend für unser Verhalten.

Die Theorie der freudschen Psychoanalyse ist, dass alle Abweichungen und Probleme eines Menschen sich auf Traumata in der Kindheit zurückführen lassen. Die Folgen dieser alten und überholten Theorie sind, dass erwachsene Kinder ihre Eltern verantwortlich machen, statt selbst ihr Leben in die Hand zu nehmen. Diese überholte Vorstellung erzeugt auch die Helikopter Eltern, welche immer alles richtig machen wollen, denn sie sind lebenslang für das Wohlergehen der Kinder verantwortlich.

Die negativen Effekte der Psychoanalyse oder Psychotherapie führen bei vielen Problemen wie zum Beispiel Angststörungen zu drastischen Verschlechterungen. Die reine Fokussierung auf Kindheitstraumata als Auslöser von psychischen Problemen ist unzureichend und berücksichtigt nicht die neuen Erkenntnisse des Gehirns.

Ich möchte hier den Dr. Hirschhausen zitieren:
„Mag sein, dass die Kindheit scheiße war. Aber was bitte soll das bringen, wenn wir einen Topf Scheiße zwei Jahre auf den Schoss stellen und darin herumrühren? Da wird kein Gold draus, das bleibt Scheiße."

Die Psychoanalyse kommt immer zu dem gleichen Schluss: **„Ihre Eltern sind** schuld." Das Sahne Häuptchen ist dann die Behauptung, dass ein Missbrauch durch den Vater die Ursache aller Probleme ist. Ich frage mich wirklich, ob denn diese Psychiaterinnen ein Verantwortungsbewusstsein haben?

Die Gruppentherapie und die Konfrontation - Therapie sind auch zwei Therapieformen, die sehr destruktiv wirken können. In einer Gesprächsrunde breitet jeder Patient sein Elend vor den anderen aus. Wir soll dies einen Menschen mit Depressionen oder Angststörung helfen. Es verstärkt natürlich die Symptome. Nur in wenigen Fällen, wenn die positiven Aspekte in Gruppentherapien verstärkt und betont werden, kann Gruppentherapie als Ansporn wirken.

Die Konfrontationstherapie wirkt ebenfalls verstärkend auf die Symptome. Der Patient weiß dann zwar hinterher, dass er im Aufzug überleben wird. Die Angst wird aber durch das Durchleben verstärkt satt abgeschwächt.

Die meisten Methoden, welche heute in der Psychotherapie angewendet werden, sind also nicht förderlich.

In USA wurden nach dem Terroranschlag am 11.September 2001 die Rettungskräfte therapiert. Die Therapie war eine Pflicht, auch für Rettungskräfte, welche keinerlei Symptome einer Post Traumatischen Belastung Störung hatten. Die bisher gesunden Rettungskräfte wurden durch das Wiedererleben in der Therapie teilweise durch die Therapie krank. Dies führte in USA zu einem Umdenken und zu Änderungen.

In Deutschland sind Änderungen der Therapien durch bürokratisch lange Zulassungsverfahren, Vorgaben der kassenärztlichen Vereinigung und Krankenkassen und durch Gesetze und Verordnungen sehr verzögert. Neuere Forschungsergebnisse benötigen Jahre, bis diese in der Therapie angewendet und umgesetzt werden. Die Zulassungsverfahren für Medikamente, Therapien und Medizingeräte sind bürokratisch und langsam statt sachlich effektiv.

„Schildern Sie bitte noch einmal, wie der Täter sein Glied einführte und es schmerzte." Die Patientin bricht wie in jeder Therapiestunde in Tränen aus. Was soll diese Therapie bewirken?

Gutachten Sorgerecht

Ich hatte kürzlich eine Patientin, welche im Jugendamt der nahen Kleinstadt arbeitet. Ich sagte ihr, dass die Erfahrungen meiner Freunde mit dem Jugendamt durchwegs negativ sind. Sie sagte mir, dass lange Jahre im Jugendamt die Meinung vorherrschten, dass Kinder zu all erste die Mütter brauchen und die Väter allenfalls als Geldspender nötig sind. Dies scheint sich sehr langsam zu ändern.

Natürlich ist das Gleichstellungsgesetz, das einen hundert Prozent Frauenanteil als Gleichberechtigt und Idealzustand anstrebt in den Jugendämtern vorherrschend. Es gibt also kaum noch männliche Kollegen in den von Frauen geführten Ämtern.

Dasselbe kann man bei den Psychologen beobachten. Die Psychologie zählte im Wintersemester 2016/17 mit 85 000 Studierenden zu den beliebtesten Fächern. Über 75% der Studierenden sind weiblich mit stark steigender Tendenz. Dies ist auch der Frauenförderung in den deutschen Gymnasien geschuldet. Der Anteil von Männern welche Abitur machen sink von Jahr zu Jahr.

Laut Bundespsychotherapeutenkammer (BPtK) seien heute bereits 71 Prozent der Mitglieder Frauen, bei den Mitgliedern unter 35 seien es sogar 91 Prozent. In unserer Gesellschaft ist es völlig gleichgültig, wenn in bestimmten Berufsfeldern die Männer verdrängt werden.

Natürlich führt dieser hohe Anteil an Psychologinnen zu Verwerfungen, wenn es um das Sorgerecht geht. Es lässt sich gut beobachten, dass die Gutachten zugunsten von Frauen manipuliert werden.

Psychologinnen missbrauchen mit der guten Absicht, den unter-drückten Müttern helfen zu müssen, ihre Stellung. Die Mutter wollte das Sorgerecht für die Kinder und ging zu einer Psycholo-gin. Sie erklärte dieser, dass der Vater die Tochter sexuell be-rührt habe.

Die Psychologin sollte ein Gutachten für den Sorgerechtsstreit erstellen. Da Frauen per Definition gut sind und nicht lügen, war die Aufgabe für die Psychologin klar.

Die Psychologin sah es nicht als ihre Aufgabe an, das Kind zu behandeln oder die Wahrheit zu ermitteln. Vielmehr sah die Psy-chologin als ihre Aufgabe, ein Gutachten, welche sexuellen Be-rührungen oder Missbrauch durch den Vater als wahrscheinlich erachtet, zu erstellen.

Das Mädchen wurde manipuliert. „hat dich der Papa auch da an-gelangt?" Kinder im Vorschulalter sind manipulierbar. Werden Dinge oft genug wiederholt oder als die Wahrheit hingestellt, be-ginnt das Kind diese Manipulation zu übernehmen.

Die Mutter bekam also ihr Gutachten wie gewünscht und dadurch auch das Sorgerecht. Das Leben des Vaters war ruiniert, die Frau hatte ihre kleine Rache.

Das Kind allerdings war beschädigt und fühlte sich schuldig. In der Pubertät war Drogenkonsum angesagt. Ich will nun keines-falls behaupten, dass der Drogenkonsum zwingend auf die da-maligen Erlebnisse zurück zu führen ist. Allerdings sind Kinder welche in der Kindheit einschneidende Negative und manipula-tive Erlebnisse haben gefährdeter.

Die männlichen Psychologen werden seltener. Leider sind die Psychologen Schulen, in denen meist weibliche Professoren und Dozentinnen unterrichten, natürlich nicht objektiv. So wird das Dogma, dass Frauen gut und Männer schlecht sind als wissenschaftliche Wahrheit verpackt und unterrichtet. Es kann daher passieren, dass auch männliche Psychologen sich dem Dogma der Gesellschaft beugen und die Objektivität verlieren.

Wir kennen diesen Effekt vom „Dritten Reich". Auch im dritten Reich gab es eine Rassenlehre und die deutsche Wissenschaft und insbesondere die deutsche Psychologie hatte sich angepasst und dadurch nicht mit Ruhm bekleckert. Heute wird unter dem Mantel der Wissenschaft im Bereich Psychologie eine Abwertung der Männer betrieben.

Die Psychotherapie basiert immer noch auf dem Freud'schen Prinzip. Eine andere Bekannte ging zum Psychiater, da sie Probleme mit einer Kollegin hatte. Sie wollte konkret verstehen, was sie an sich ändern könnte. Der Psychiater wollte Kindheitstraumen lösen und keine Hilfestellung beim akuten Problem geben. Sein Verständnis ist es, dass Probleme im Erwachsenenleben sich immer auf Kindheit Traumen zurückführen lassen.

Wir könnten uns die Psychotherapie sparen. Das Ergebnis ist immer, dass die Eltern schuld sind. Die Patientin ist unschuldig und nicht für ihr Handeln, das aufgrund eines Kindheitstraumas erfolgt, verantwortlich. Dies entmündigt die Menschen und lässt und erklärt uns alle zu Opfern.

Es ist heute ein Massenphänomen, dass die erwachsenen Kinder den Kontakt zu den schuldigen Eltern abbrechen. Besser wäre es, den Menschen zu vermitteln, dass jeder sein Leben selbst in der Hand hat.

Denken Sie an etwas Schönes

Bedauerlicherweise können verspannte Muskeln sehr schmerzhaft sein. Einige Zeit versuchte ich die Patientinnen bei der Behandlung abzulenken indem ich sagte: „Denken sie an etwas Schönes."

Als ich mit den Ablenkungsmanövern begann, sagte ich hinterher:" Wenn sie möchten, können sie mir berichten, an was Schönes sie dachten."

Eine Patientin war sehr ehrlich und erzählte mir, dass sie und ihre Freundin jedes Jahr nach Kenia fahren und sich einen jungen Adonis zusammen mieten. Die Ehemänner dachten, dass die beiden Freundinnen sich in einem Wellness Hotel verwöhnen lassen.

Kenia ist für die deutschen Frauen ein üblicher Ort, bei dem man Sex günstig erwerben kann. Tausende fliegen jedes Jahr in den Entspannungsurlaub. Gesellschaftlich ist Sexarbeit von Männern für Frauen akzeptiert. Die Vorstellung, dass jeder Mann ständig Sex will und es daher für einen jungen Mann wunderschön ist, wenn er zwei Damen um die fünfzig verwöhnen muss, würde ich anzweifeln.

Die meisten der jungen dunkelhäutigen Männer sind verheiratet und haben Familie und Kinder. Die deutschen Frauen, welche sich einen Begleiter für einige Tage oder Wochen mieten, haben zum Teil auch ausgefallene Wünsche. Während man in Deutschland auf biederlichen (Ehe-) Sex macht, kann man sich im Urlaubsland völlig austoben. Aufgrund des guten Euro sind die Preise überschaubar.

Ich habe bei www.Kaufmich.de nachgesehen und in unserer Kleinstadt bieten drei Männer und zwei Frauen sexuelle Dienstleistungen an. Als ich vor einiger Zeit einen Freund in Freiburg besuchte, zählte ich die Sex-Anzeigen in einer Zeitung. Es war ein ungefähr ausgewogenes Verhältnis der Geschlechter.

In unserem Fernsehen werden bei Sexarbeit die alten Klischees aufgewärmt vom bösen Mann und dem Opfer, der Frau. Wenn kein Bedarf vorhanden wäre, würden auch nicht so viele Männer ihre Dienste anbieten. Auch hier auf diesem Gebiet zeigt sich, dass wir manipuliert werden. Im Fernsehen werden Freier als unsympathische, gefühllose Männer gezeigt. Frauen, die sich verwöhnen lassen, werden als moderne, selbstbewusste Frauen die ihr Leben genießen, dargestellt.

In Japan gibt es Bordelle für Männer und für Frauen. Dort ist ein unverkrampfter Umgang mit der Sexualität verbreitet.

Das Bild des Nationalsozialismus von der braven Mutter, die viele Kinder gebärt und den harten aber schmutzigen Männern, die auch mal ins Bordell gehen, spuckt noch in den Köpfen. Ein Großteil des Rotlicht Milieu wird heute von Frauen kontrolliert, welche Frauen auf den Strich schicken.

In Kenia ist Prostitution verboten. Trotzdem arbeiten viele tausende Männer, Kinder und auch Frauen als Sexarbeiter. Viele Menschen sind in Kenia in einer wirtschaftlich schwierigen Situation. So ist Sexarbeit eine der wenigen Möglichkeiten, den Lebensstandard wesentlich zu verbessern.

Viele Menschen müssen mit weniger als 1,25 pro Tag auskommen. Prostitution und Armut ist nicht positiv für diese Menschen. Die medizinische Versorgung ist katastrophal.

HIV Tests sind nicht einfach zugänglich. Es wird geschätzt, dass 5-6 % der Bevölkerung in Kenia HIV- infiziert ist. Die Verwendung von Kondomen und das Bewusstsein über die Krankheit nimmt zu.

Im Fernsehen wird gegendert. Ist ihnen schon einmal aufgefallen, dass alle negative besetzten Ausdrücke wie Zuhälter nicht gegendert werden, sondern männlich bleiben.

„Zuhälterei ist im juristischen Sinne die Ausbeutung einer Person, die der Prostitution nachgeht sowie unter bestimmten Voraussetzungen auch die gewerbsmäßige Förderung der Prostitution. Eine Zuhälterei betreibende Person wird als Zuhälter bezeichnet." (Quelle Wikipedia.

Aha hier wird also nicht gegendert. Zuhälter*in wäre korrekt, wenn man grundsätzlich gendert. Auch beim Gendern fließt also eine Wertung mit ein.

Selbst in alten Zeichnungen gibt es eine „Puffmutter". Das jetzt vorherrschende Bild einer von Männern gesteuerten Prostitution entspricht nicht den Tatsachen. Dieses einseitige Bild vom bösen Loddel ist den Frauen, welche in der Prostitution arbeiten, nicht hilfreich. Die Gründe, warum Frauen und Männer sich prostituieren sind vielschichtig und wahrscheinlich wäre es wert, darüber ein eigenes Buch zu schreiben.

In einigen Studien werden Frauen als gefährlichste Zuhälterinnen benannt. Das von unserer Presse geprägte Bild einer reinen hierarchisch, männlich dominierten Rotlichtwelt entspricht nicht den Tatsachen.

Der weibliche Zuhälter

YING kämpft gegen YANG

Eine Patientin fragt mich über die Funktionen der beiden Hirn-hälften.: *„Wenn die rechte Hirnhälfte die Gefühle bearbeitet und die linke Gehirnhälfte die Logik, dann müssten Männer doch vor-wiegende die linke Gehirnhälfte nützen. Männer haben ja keine Gefühle und Emotionen wie Frauen, sondern denken eher robo-terhaft. Männer benutzen daher auch nur 50% ihrer Hirnmasse."*

Ying und Yang werden oft als Synonyme für den Geschlechter-kampf verwendet. Ich habe einen chinesischen Freund befragt. Er verstand erst nicht, was ich mit dem Ying und Yang Kampf meinte. Ying und Yang sind zwei sich ergänzende Gegensätze, welche ausgeglichen sein sollten, um ein gesundes Leben zu er-reichen.

Es mag in unserer deutschen Geschlechter - Welt eine gute Ge-schichte sein, dass die Sonne den Mond bekämpft und den Tag bringt. Mit dem Chinesischen Gedanken von Harmonie und Aus-gleich haben weibliche Vorstellungen vom Ying und Yang Kampf wenig gemeinsam.

Die moderne Forschung zeigt, dass der Unterschied zwischen Mann und Frau nicht so groß ist, wie Feministinnen glauben wol-len. Auch die Feministischen Glaubenssätze, dass die DNA des Vaters keinen Einfluss auf die Gene des Kindes haben, ist mehr ein Wunschdenken. Väter sind für die Kinder genauso wichtig wie Mütter. Großeltern sind ebenso wichtig, um ein Urvertrauen ins Leben aufzubauen

Fakten

Was ist #Metoo (Quelle Wikipedia)

Vom Hashtag zum neugeprägten Begriff: #Metoo steht für sexuelle Übergriffe und Machtmissbrauch von Männern und nur von Männern. Aus dem Englischen übersetzt: „Ich auch." bedeutet „Mir ist das auch passiert". Der Begriff fand weltweite Bedeutung, denn zahllose Frauen brachen weltweit ihr Schweigen als Betroffene von sexualisierter Gewalt.

Im Oktober 2017 veröffentlichte die New York Times einen Artikel über den Filmproduzenten Harvey Weinstein. Diesem wurde sexuelle Belästigung vorgeworfen. Zehn Tage später rief die Hollywood-Schauspielerin Alyssa Milano Frauen dazu auf, ihre Erfahrungen mit sexuellen Übergriffen via Twitter unter dem Hashtag #Metoo zu veröffentlichen. Das Hashtag hatte die US-amerikanische Aktivistin Tarana Burke bereits 2006 benutzt, um auf sexuellen Missbrauch an schwarzen Frauen aufmerksam zu machen. Noch am gleichen Tag, dem 15. Oktober 2017, trendete das Hashtag mit 200.000 Tweets. Auf Facebook wurde er innerhalb von 24 Stunden in über 12 Millionen Postings verwendet.

Da sich insbesondere prominente Frauen aus dem Showgeschäft als Betroffene sexualisierter Gewalt offenbaren und nur prominente Männer als Täter erkennbar wurden, befeuerte dies die Popularität des Begriffs #Metoo. Bereits Anfang 2013 hatte das Hashtag #Aufschrei in Deutschland eine Bekenntniswelle auf Twitter ausgelöst.

Doch erst #Metoo führte zu zahlreichen Konsequenzen, vor allem bei Führungspositionen im Bereich von Kultur, Politik und Wissenschaft in vielen Ländern der Welt. Männer, die ihre Position zu sexuellen Übergriffen ausgenutzt hatten und auch viele Männer, die grundlos beschuldigt wurden, mussten zurücktreten oder wurden entlassen.

In Deutschland wurde aufgrund der vielen Vorkommnisse im Bereich von Film, Fernsehen und Theater die Themis-Vertrauensstelle gegen sexuelle Belästigung und Gewalt von Frauen eingerichtet. Auch in der übrigen Arbeitswelt gibt es nunmehr eine neue Aufmerksamkeit für Alltagssexismus. #Metoo wurde zum Schlagwort für männlichen Machtmissbrauch am Arbeitsplatz.

#MeToo wird inzwischen nahezu beliebig von Frauen verwendet, um Ziele durchzusetzen, Geld zu erpressen, das Sorgerecht zu erhalten oder eine Beförderung durchzusetzen.

In der Konsequenz beklagten etliche Männer ihre Unsicherheit im Umgang mit Frauen. Der Unterschied von Flirt und sexuellem Übergriff wird durch „#MeToo" verwischt.

Ich möchte in diesem Zusammenhang auf den Fall des Grünen Politikers Stefan Gelbhaar hinweisen. Er wurde von einer Frau des Missbrauchs beschuldigt. Es stellte sich heraus, dass eine Frau unter falschem Namen und mit gefälschter Unterschrift die Vorwürfe erhoben hat. Wochenlang wird über die Missbrauchsvorwürfe berichtet. Nun war klar, dass der mutmaßliche Skandal offenbar erfunden war. Die Frau, die den Stein ins Rollen brachte existiert nicht.

Die Frau, die sich dem rbb gegenüber als Anne K. ausgab, ist plötzlich nicht mehr zu erreichen. An ihrer falschen Wohnanschrift kannte kein Nachbar die Politikerin.

Von einer Zeitung und dem RBB (Berliner Rundfunksender) wurde von dem Fall berichtet mit der Behauptung, genaustens geprüft zu haben. Sofort meldeten sich weitere Frauen, die auf den Zug aufsprangen und behaupteten, ebenfalls belästigt oder missbraucht worden zu sein. Der Politiker musste zurücktreten.

Obwohl sich herausstellte, dass die Behauptungen erfunden waren, war die Karriere ruiniert. Ferner gaben die Frauen der Partei bekannt, dass man die Aussagen von Frauen nicht anzweifeln darf und damit war eine Rehabilitation des Politikers völlig unabhängig von den Tatsachen nicht mehr möglich. Wenn also sich Anschuldigungen als falsch herausstellen gelten diese trotzdem? Was für ein Rechtsverständnis!

#MeToo hat dazu geführt, dass Frauen beliebige Behauptungen aufstellen können. Diese werden sofort von der Presse und unseren öffentlich-rechtlichem Staatsfernsehen ohne Überprüfung aufgegriffen und genüsslich verbreitet. Auch wenn sich später herausstellt, dass die Behauptungen frei erfunden sind, führt dies zum Ruin des Mannes.

Es gibt den Begriff der Mogelpresse. Soll sich der Leser und die Leserin selbst ein Urteil bilden, ob der Begriff für die Verbreitung von solchen unwahren Behauptungen angebracht ist.

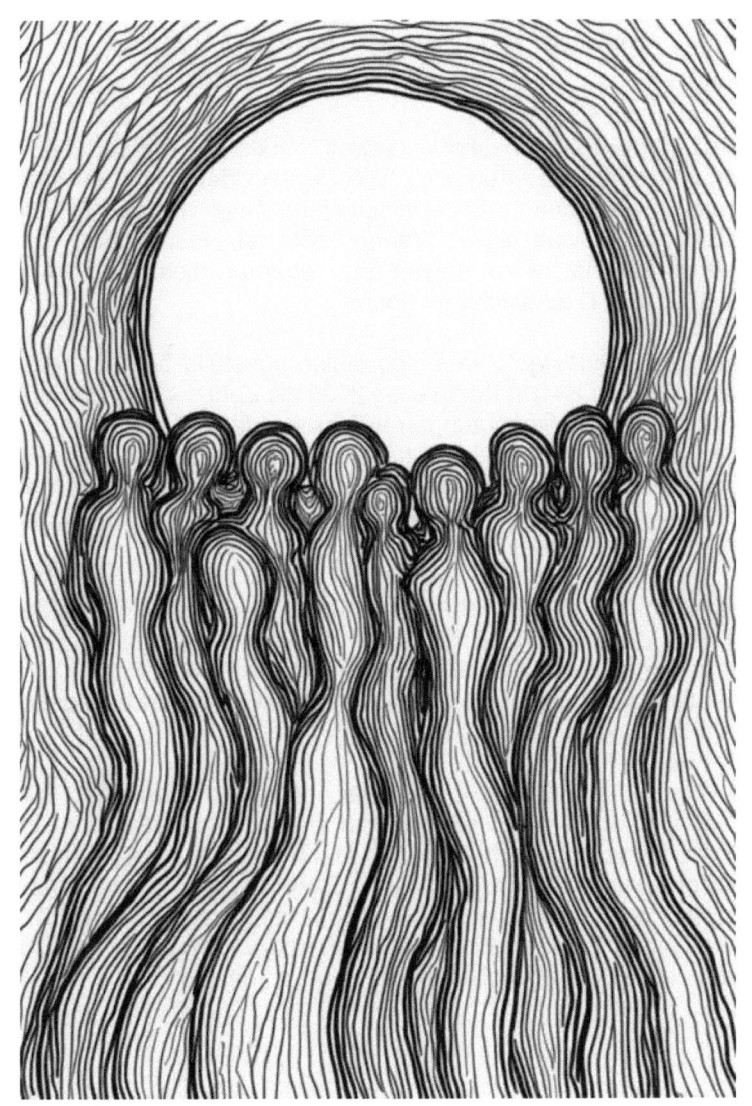

145

Häusliche Gewalt gegen Männer

Die Zahl der Fälle häuslicher Gewalt, bei denen Männer die Betroffenen sind, steigt deutlich. Die Dunkelziffer ist extrem hoch und eine englische Studie ermittelt einen Anteil von ca. 40 % der häuslichen Gewalt gegen Männer. Männer wehren sich meist nicht gegen häusliche Gewalt und schämen dies öffentlich zu machen. Die Dunkelziffer ist hoch.

Laut der Bundesfach- und Koordinierungsstelle für Männergewaltschutz (BFKM) in Berlin stieg 2022 die Zahl der Hilfeanfragen in Männerschutzeinrichtungen auf insgesamt 421 Fälle. Im Vorjahr waren es noch 251 gewesen. Es gibt in Deutschland allerdings keine Männerhäuser und auch keine Betreuung von Männern, welche Gewalt ausgesetzt sind. Daher ist die Zahlenbasis in Deutschland unzureichend.

Die BFMK gibt unter Berufung auf Sicherheitsbehörden fast 70.000 Fälle von häuslicher Gewalt gegen Männer an. Demnach wären rund 29 Prozent aller erfassten Opfer Männer. Zu häuslicher Gewalt zählt in dieser Statistik sowohl Partnerschaftsgewalt als auch innerfamiliäre Gewalt.

97 Prozent der Männer, die in einer der Schutzwohnungen Platz fanden, berichten von psychischer Gewalt – wie Stalking, Beschimpfungen oder erhebliche Grenzüberschreitungen. Fast drei Viertel erlitten zudem körperliche Gewalt. Auch ökonomische, soziale und sexualisierte Gewalt wurden erfasst. Es gibt in Deutschland nicht mehr als 100 Schutzwohnungen für Männer. Daher sind 97% statistisch nicht repräsentativ.

In 45 Prozent der gesamten erfassten Fälle waren die Partnerin oder der Partner für die erlittene Gewalt verantwortlich. Als Täter sind in der Statistik der BFMK aber auch Elternteile, Geschwister oder Menschen aus der Nachbarschaft aufgeführt. Einer Studie zufolge sind Männer und Frauen bei Gewaltdelikten (alle Gewaltdelikte incl. Häuslicher Gewalt) nahezu gleich oft Täter.

Männer werden außer Haus häufiger Opfer von Gewalt. Laut Studie gaben 45 Prozent der befragten Männer an, Gewalt erlitten zu haben, im Vergleich zu 41 Prozent der Frauen.

Deutsche Männer sind so erzogen, dass sie sich gegen Frauen nicht wehren. Diese Hemmschwelle dürfte sich auf die Evolution zurückführen lassen. Würden Männer grundsätzlich gewalttätig gegen Frauen sein, so wäre der Fortbestand der Art gefährdet.

Frauen als das „schwache" Geschlecht sind grundsätzlich zu schützen und können, so das Image keinerlei Gewalt ausüben. Diese bereits in der Kindheit anerzogenen Dogmen und Glaubenssätze machen Gewalt gegen Männer einfach. Eine Frau, welche zuschlägt, wehrt sich zu Recht.

Ein Freund eines Bekannten wurde von seiner Liebsten blutig geschlagen und ging in seiner Hilflosigkeit zur nächsten Polizeistation. Dort wurde er ausgelacht und nach Hause geschickt, trotz blutüberströmten Kopfs. Die Polizisten nahmen weder eine Anzeige auf, holten keinen Arzt oder Rettungssanitäter und empfanden die Situation als äußerst belustigend.

Diese Glaubenssätze, welche die Männer – und Frauenrollen definieren, sind sehr tief in uns verankert. Die Rollenbilder von Mann und Frau haben sich in der Vergangenheit immer unter dem Zwang zu überleben und sich fortzupflanzen weiterentwickelt. In unserer modernen Gesellschaft sind die vergangenen Rollenbilder nicht mehr zeitgemäß.

Selbstmordrate

Wie hoch ist die Selbstmordrate bei Jungen und Mädchen?

Als ich vor einigen Monaten mit der Bahn fuhr las eine Mutter ihrer Tochter ein Kinderbuch vor. Das Thema waren psychische Probleme von Mädchen. Das Mädchen fragte seine Mutter: „Wie ist das bei Jungen?". Die Mutter antwortete aus voller Überzeugung:" Jungen haben keine psychischen Probleme, denn Jungen und Männer haben so gut wie keine Gefühle und können daher auch keine psychischen Probleme bekommen."

Ich habe auch einen Artikel in einer Frauen-Fachzeitschrift für Psychologie gelesen. Die Autorin, eine Mutter von zwei Jungen überlegte, zu welchem Zeitpunkt sie ihren zwei Jungen mitteilen sollte, dass Männer grundsätzlich schlecht sind und damit auch ihre zwei Jungen. Ich habe mir Gedanken gemacht, wie sich bei den zwei Jungen mit drei Jahren wohl das Empfinden und die Nichtakzeptanz der Mutter auf das zukünftige Leben auswirken wird.

Statistik:

Im Jahr 2022 starben in Deutschland insgesamt 10119 Menschen durch Suizid – das waren fast 28 Personen pro Tag. Männer nahmen sich deutlich häufiger das Leben als Frauen, rund 75 % der Selbsttötungen wurden von Männern begangen. Das durchschnittliche Alter von Männern lag zum Zeitpunkt des Suizides bei 60,3Jahren. Frauen waren im Durchschnitt 61,9Jahre alt. Im Vergleich zum Vorjahr (9215 Suizide) ist ein deutlicher Anstieg um 9,8 % zu verzeichnen.

Die am häufigsten gewählte Suizid-Methode war, sowohl bei Frauen als auch bei Männern die Selbsttötung durch "Erhängen, Strangulieren oder Ersticken": Die Hälfte aller Männer und nahezu ein Drittel aller Frauen, die Suizid verübten, entschieden sich für diese Art der Selbsttötung.

In Deutschland sind laut Angaben des Statistischen Bundesamts im Jahr 2015 939 Personen im Alter von 15 bis 30 Jahren an Suizid verstorben. Davon waren 716 Männer und 223 Frauen. Es sterben also etwa drei Mal so viele Männer oder Jungen durch Selbstmord als Mädchen und Frauen. In der Altersgruppe unter 20 Jahren sind acht Mal mehr Jungen als Mädchen betroffen. Das Klischee, dass Jungen keine Betreuung bei psychischen Problemen benötigen, sollte überdacht werden.

Jungen bekommen kaum Hilfe bei psychischen Problemen, solange sie nicht auffällig zum Beispiel durch die ADHS Krankheit sind. Die Jugendämter sind auch bedingt durch das Gleichstellungsgesetz vorwiegend weiblich besetzt. Diese Beamtinnen sehen ihre Aufgabe vorwiegend im Schutz von Frauen und Mädchen.

Das Image, dass Jungen stabiler und unempfindlicher als Mädchen sind, ist durch Studien widerlegt. Trotzdem wird dieser Glaubenssatz immer und immer wieder gebracht und wiederholt. Ich würde mir auch vom Fernsehen eine objektivere Berichterstattung wünschen. Dadurch, dass der Fokus der Gesellschaft auf Problemen von Mädchen liegt, erhalten Jungen nicht die nötige Aufmerksamkeit um Schäden in der Psyche zu vermeiden. Unsere Gesellschaft erzeugt viele Probleme, die sich im Erwachsenenalter manifestieren, durch die falschen Erziehungsdogmen. Permanent falsche Informationen und einseitige Berichterstattung verzerren die Wirklichkeit.

150

Missbrauch von Jungen

Eine informative Homepage ist www.gegen-missbrauch.de

Die Tatsache, dass auch Jungen Opfer sexuellen Missbrauchs werden, ist mittlerweile zwar bekannt, aber noch längst nicht immer wirklich anerkannt. Zum Teil resultiert diese Nicht-Anerkennung aus der Unsicherheit der Öffentlichkeit, über das tatsächliche Ausmaß der sexualisierten Gewalt gegen Jungen. Hinzu kommen falsche Vorstellungen und Klischees hinsichtlich des sexuellen Missbrauchs an Jungen, die der Anerkennung der Betroffenheit von Jungen entgegenstehen.

Trotz unterschiedlich verwendeter Definitionen und unterschiedlicher Befragungsmethoden, zeigen internationale und deutsche Untersuchungen zur sexualisierten Gewalt gegen Jungen übereinstimmend, dass 8-10% der befragten Männer sexualisierte Gewalt erfahren mussten. Dunkelfeldschätzungen gehen davon aus, dass jeder fünfte bis achte Junge sexualisierte Gewalt erlebt.

Jungen bekennen sexuellen Missbrauch wahrscheinlich seltener, weil folgende **Vorurteile** herrschen:

- Jungen, die in Ihrer Kindheit sexuell missbraucht worden sind, werden selber zu Tätern
- Missbrauch wird mit "Schwäche" und "Ohnmacht" in Verbindung gebracht, ein Junge darf aber nicht schwach oder ohnmächtig sein
- Unsere Gesellschaft erwartet von Jungen und Männern Stärke. Sind Jungen doch zu Opfern geworden, "hatten sie selber Schuld", weil sie sich nicht richtig gewehrt haben.
- Sexuell missbrauchte Jungen wissen sich selber zu helfen. Da Männer keine Gefühle haben und dumpf sind, kann sexueller Missbrauch bei Jungen auch keinen Schaden anrichten.

- Jungen sexuellen Missbrauch leichter verarbeiten als Mädchen
- Jungen wollen den Sexualkontakt und empfinden ihn als angenehm, insbesondere dann, wenn sie von einer Frau missbraucht werden
- Missbrauch an Jungen mit Homosexualität in Verbindung gebracht wird und Jungen und Männer aber nicht als Homosexuelle abgestempelt werden wollen
- Sexualität bei Jungen anders definiert wird, als bei Mädchen. Sexueller Missbrauch wird daher oft als sexuelles Abenteuer gesehen, nicht aber als Missbrauch

Missbrauch an Jungen findet hauptsächlich außerhalb der Familie statt (Lehrerin, Trainer, Pfarrer, usw.). Bei Missbrauch innerhalb der Familie, sind meistens auch die Geschwister mitbetroffen. Der Ablauf (Geheimhaltung, Hilflosigkeit, Reaktion, Aufdeckung, siehe 4-Phasen-Modell) ist ähnlich wie bei Mädchen. Zur Aufdeckung kommt es meistens, wenn der Junge befürchtet, dass sich der Missbrauch steigert oder wenn er Angst hat, ansteckende Krankheiten wie AIDS zu bekommen.

Erschreckend ist, dass von der Anzahl der Täter ca. 20% selbst in ihrer Jugend sexuelle Gewalt erfahren haben und diese sexuellen Missbrauchserfahrungen weitergeben, ohne für die Opfer oder ihre Tat ein Gefühl zu entwickeln.

Es stellt sich natürlich die Frage der Definition von sexuellem Missbrauch. In der feministischen Welt haben Jungen und Männer ununterbrochen sexuelles Verlangen, während die guten Frauen rein und ohne Verlangen sind. Da alle Männer und Jungen schlecht sind, ist sexueller Missbrauch von Jungen oder Männern in unserer Gesellschaft akzeptiert. Frauen, die Jungen missbrauchen, werden zum Opfer stilisiert, welche Erfahrungen sammeln wollen oder die sexuelle Unterdrückung durch die Männer ausleben wollen.

Verdienst Frauen und Männer

Der Gehaltsvergleich von Frauen und Männern in Deutschland zeigt das Dilemma der sogenannten Mogelpresse auf. Das Dogma der schlecht verdienenden und unterdrückten Frauen muss aufrecht erhalten bleiben.

Nehmen wir einmal Lehrer, Besoldungsstufe A13- A16. Im Staatsdienst ist der Unterschied zwischen dem Verdienst von Frauen und Männern am größten. In den Gehaltstabellen sind jedoch keine Gehälter für Männer und Frauen angegeben. Wie kann das sein?

Angenommen im lokalen Gymnasium arbeiten vierzig Männer A13 und 4500 Euro netto inclusive „first class Krankenversorgung" und einer Pension, welche ca. zweimal so hoch ist wie eine vergleichbare Rente. Der Beamte arbeitet dreißig Stunden. Die Schulstunde hat 45 Minuten. Der mittlere Verdienst der Beamten ist also 4500 Euro mal vierzig und geteilt durch vierzig also 4500 Euro.

Bei den einhundertzehn Beamtinnen arbeiten achtzig Prozent mit fünfzig Prozent Teilzeit und zwanzig Lehrerinnen Vollzeit. Damit ergibt sich ein mittlerer Verdienst von 2700 Euro. Die Frauen verdienen also aufgrund der Teilzeit (2700/4500 = 0,6) 60 % des Gehaltes von Männern. In der sogenannten Mogelpresse oder in unserem objektiven öffentlich-rechtlichen Fernsehen wird leider die Teilzeit nicht erwähnt.

Wird die Teilzeit und andere Faktoren wie Berufsjahre herausgereichten ergeben sich gleiche Gehälter. Das Märchen der schlechten bezahlten Frauen stimmt dann, wenn Äpfel mit Birnen vergleichen werden.

Laut Wirtschaftswoche verdienen Frauen in Vorgesetzten Positionen 10% mehr als Männer. Dies ist dem Bestreben der Industrie geschuldet, möglichst viele Frauen in Vorgesetzten Positionen zu beschäftigen um dem Vorwurf der Frauen Benachteiligung zu entgehen.

Aus Wikipedia:

*Die, der oder das **Gender-Pay-Gap**[1] (kurz GPG; auch Gender Wage Gap, von englisch gender „Geschlecht"), deutsch die **Lohnlücke** oder das **geschlechtsspezifische Lohngefälle**, beschreibt in der Sozialökonomie und Soziologie den Unterschied zwischen dem durchschnittlichen Brutto-Stundenlohn von Frauen und Männern, die nicht im öffentlichen Dienst, der Land- oder Forstwirtschaft und nicht in Betrieben unter 10 Mitarbeitenden beschäftigt sind. Der Gap („Lücke") wird dabei als prozentualer Anteil des durchschnittlichen Brutto-Stundenlohns von Männern angegeben. Dabei wird zwischen dem unbereinigten und dem bereinigten Gender-Pay-Gap unterschieden. Lohnunterschiede zwischen Frauen und Männern waren seit den 1970er Jahren wiederholt Gegenstand öffentlicher Kontroversen in allen Industrieländern. Das Weltwirtschaftsforum (World Economic Forum) veröffentlicht den jährlichen Global Gender Gap Report zu mehr als 150 Ländern, der auch Einkommensunterschiede zwischen den Geschlechtern vergleicht.*

Laut dem statistischen Bundesamt verdienen Frauen 12,7 Prozent weniger als Männer. Dies ist jedoch kein Vergleich mit gleichwertigen Jobs. In gleichwertigen Jobs verdienen Frauen heutzutage genauso viel wie die Männer. Was sind die Gründe, Statistiken soweit zu verzerren, dass solche Unterschiede entstehen?

Es gibt also einen „unbereinigten Gender Pay Gap" als auch einen „bereinigten Gender Pay Gap". Der unbereinigte Gender Pay Gap zeigt auf, dass Frauen deutlich weniger verdienen als Männer hauptsächlich bedingt durch Teilzeit. Berufsjahre, Qualifikation und andere Faktoren spielen dabei eine untergeordnete Rolle.

Vergleicht man jedoch das Gehalt von Frauen und Männer in Vollzeit bei vergleichbaren Arbeiten, so besteht kein signifikanter Unterschied zwischen Frauen und Männer Gehältern. Wenn wir also das Beispiel der Lehrer von oben nehmen, so vierdienen die Frauen nur sechzig Prozent des Geldes, das Männer mit nach Hause nehmen. Wenn wir aber das Gehalt einer Lehrerin in Vollzeit mit dem Gehalt eines Lehrers in Vollzeit vergleichen, so ergibt sich kein Unterschied.

Die jährliche Meldung des öffentlich-rechtlichen Staatsfernsehen ist es, dass Frauen 15, 20 % weniger als Männer verdienen. In keinster Weise wird der Zuschauer auf die unbereinigte Statistik hingewiesen.

Dem Zuschauer wird suggeriert, dass Frauen im selben Job und mit derselben Stundenzahl deutlich weniger verdienen als Männer, was schlichtweg falsch und manipulierend ist.

Ich habe viele Patienten und Patientinnen gefragt, ob sie wissen, dass die Teilzeit nicht herausgerechnet wird. Die Befragten waren sehr erstaunt. Einige reagierten ungläubig und einige sehr verärgert. Sie verstanden diese Berechnung ohne die nötigen Informationen als „Fälschung". Solche Halbwahrheiten die von den öffentlichen, rechtlichen Anstalten verbreitet werden, ruinieren unser Vertrauen in die Demokratie.

Das Bundes – Gleichstellungsgesetz

Das BGleiG wurde am 24.04.2015 in Kraft gesetzt. Es ist einseitig auf die Förderung von Frauen ausgerichtet und ist keinesfalls ein Gleichstellungsgesetz.

§6 Arbeitsplatzausschreibung:

(1) Sind Frauen in dem jeweiligen Bereich unterrepräsentiert, so sind sie verstärkt zur Bewerbung aufzufordern. Jede Ausschreibung, insbesondere die Ausschreibungen für die Besetzung von Führungspositionen ungeachtet der Hierarchieebene, hat den Hinweis zu enthalten, dass der ausgeschriebene Arbeitsplatz in Teilzeit besetzt werden kann
(2) Wenn in einem Bereich Frauen unterrepräsentiert sind, soll ein freier Arbeitsplatz ausgeschrieben werden, um die Zahl der Bewerberinnen zu erhöhen

Wenn es in einem Bereich weniger Männer gibt, so ist dies laut dem Gesetz kein Problem. Es geht also darum, die Frauen zu fördern, nicht die Männer. Selbst bei einem Frauenanteil von 100% wird bei einer Neueinstellung immer noch die Frau bevorzugt.

§8 Auswahl:
Sind Frauen in einem Bereich unterrepräsentiert, so hat die Dienststelle sie bei gleicher Qualifikation wie ihre Mitbewerber bevorzugt zu berücksichtigen

Der Begriff der Qualifikation wird in den Ämtern stark missbraucht. Die Eignung für einen Job wird dabei nicht berücksichtigt. Der Begriff Bereich wird stark interpretiert zugunsten der Frauen. In einer Kommune sind die Bereiche Müllabfuhr, Bauhof in fester Männerhand. Nun wird die Verwaltung, der Bauhof und die Müllabfuhr als ein Bereich zusammengefasst und Frauen sind nun unterpräsent. Da Frauen aber vorwiegend in der Verwaltung arbeiten, wird der Frauenteil in der Verwaltung gegen 100% tendieren. Die Geschlechtertrennung in der Kommune nimmt also zu!

§19 Wahl, Verordnung:
*(1) In jeder Dienststelle mit in der Regel mindestens 100 Beschäftigten wird eine Gleichstellungsbeauftragte gewählt. Die Gleichstellungsbeauftragte **muss eine Frau sein** und nur Frauen haben ein Wahlrecht.*

In der Praxis führt das Bundesgleichstellungsgesetz zu:

- Einer krassen Benachteiligung der Männer, denen die Möglichkeiten einer Beförderung verwehrt wird.
- Zu einer verstärkten Teilzeitarbeit und damit zu einem Aufblähen der Anzahl der Staatsbediensteten.
- Zu einer Trennung in Männerarbeiten und den gut bezahlten und angenehmen Frauenarbeiten. Für Männer bleiben die Müllabfuhr, Kanalarbeiter, Mülleimer leeren und anderen typischen Tätigkeiten, die man Männern zuschreibt.
- Mit den Gleichstellungsbeauftragten hat man wieder neue Stabsstellen geschaffen, welche Geld kosten und die Effektivität der Behörden behindert.

Beispiele aus dem Erfahrungsschatz:

158

In der nahen Kreisstadt war der Stellenleiter der Kriminalpolizei in Rente gegangen. Die Stelle wurde geschlechtsneutral ausgeschrieben. Eine der Polizistinnen hatte vor einigen Jahren die Polizeischule abgeschlossen und hatte einige Jahre wegen dem Mutterschaftsurlaub nicht gearbeitet. Sie wollte in Teilzeit die Arbeit aufnehmen. Sie wurde im goldenen Alter von achtundzwanzig Jahren zur Leiterin der Kriminalpolizei bestellt. Die vierzigjährigen Männer mit jahrelanger Berufserfahrung wurden aufgrund des Geschlechts nicht berücksichtigt. Ich habe einen der Männer gesprochen und es gibt ja den „Dienst nach Vorschrift" und Frühpensionierung.

Volkshochschule:
In der örtlichen Volkshochschule gibt es noch einen einzigen männlichen Beschäftigten. Er ist für Kurse der beruflichen Weiterbildung zuständig und geht bald in Rente oder Pension.

In den letzten Jahren hat sich das Kursangebot sehr verändert. Yoga, Singen, Qi Gong, Selbstverteidigung für Frauen, Gesundheitsthemen für Frauen, Selbstverwirklichung für Frauen.... Ich vermisse Kurse, welche mich als Mann ansprechen.

Mein Vorschlag wäre, die Volkshochschule in „Allgemeine Feministische Volkshochschule" umzubenennen. Ich bin der festen Überzeugung, dass dieser Vorschlag von der Mehrheit begrüßt und angenommen werden würde. Die Männer im Stadtrat würden diesen Vorschlag aufgrund der permanenten Frauenbenachteiligung in der Kommune sofort beklatschen.

Die Müllabfuhr, welche in fester Männerhand ist, muss dann wieder mal als Beispiel herhalten, dass die Gleichberechtigung von 100% Frauenanteil in der Verwaltung eben nicht ausreichend ist.

Medikamente nur für Männer

„Medikamente werden nur für Männer erprobt und erforscht. Frauen sind bei Medikamenten völlig benachteiligt."

Diese These höre ich oft in der Praxis, aber auch in Internet Foren. Auch das ist eine weitverbreitete feministische Fake Nachricht. Diese falschen Behauptungen werden immer und immer wieder verbreitet um die Benachteiligung von Frauen aufzuzeigen.

Medikamente, die für Männer und Frauen bestimmt sind, werden auch mit Männern und Frauen erprobt. Dies ist eine Forderung der Europäischen Richtlinie und des deutschen Gesetzes. Die Studienergebnisse für beide Geschlechter werden ausgewertet und eine Nutzungsbewertung wird erstellt. Diese Ergebnisse gehen auch in die Dosierungsvorschläge ein. Jedes neue Medikament muss die Zulassungsprozesse durchlaufen.

Ein Medikament, das nur an einem Geschlecht erprobt wird, erhält auch nur für das eine Geschlecht die Zulassung. Medikamente gegen Osteoporose und Brustkrebs wurden teilweise nur für Frauen zugelassen. Manche Medikamente wie gegen chronische Verstopfung wurden zunächst nur für Frauen zugelassen und erst zu einem späteren Zeitpunkt für Männer.

Natürlich ist es wichtig, dass Frauen, die an Medikamententests teilnehmen, nicht schwanger sind. Meist sind zwei Verhütungsmethoden vorgeschrieben.

Am Anfang einer Zulassung werden Medikamente zunächst nur an Männern erprobt. Dies dient der Erforschung, ob die Medikamente überhaupt für den menschlichen Körper verträglich sind und birgt ein hohes Risiko. Diese Vortests sind vom Geschlecht völlig unabhängig. Männer werden hierzu als Probanden genommen, denn das Risiko einer Schwangerschaft ist gering.

Seit der Contergan Affäre wird die Erprobung von Medikamenten an Frauen mit besonderer Vorsicht betrieben. Medikamente, welche auch für Frauen bestimmt sind, werden in den wichtigen Testphasen auch an Frauen erprobt.

Keinesfalls werden Medikamente für Frauen zugelassen ohne an Frauen ausprobiert und getestet zu werden.

Leider wird der Schwachsinn, dass Medikamente vorwiegend bei Männern getestet werden und dadurch Frauen völlig und gemein diskriminiert werden, auch von Krankenkassen verbreitert. Bei Frauen ist das Hormonsystem anders und die Dosierung muss angepasst werden. Das ist inzwischen ausreichend bekannt und wird bei den Behandlungen berücksichtigt.

Ein Großteil der Ärzte ist heutzutage weiblich. Ärztinnen nehmen sich für Frauen mehr Behandlungszeit und verstehen den weiblichen Körper besser. Dies dürfte einer der Gründe sein, weshalb die Lebenserwartung von Männern geringer ist. Dass die ärztliche Versorgung erheblichen Einfluss auf die Lebenserwartung hat, sieh man an den Beamten, welche hauptsächlich aufgrund der „first class Krankenversicherung" rund fünf Jahre länger leben als Rentner.

Die verarmte Alleinerziehende

Es war einmal eine arme alleinerziehende Mutter mit vier Kindern. Sie war schlank, hatte lange Haare und ein gepflegtes und schönes Aussehen.

Große Sorgen plagten die arme Mutter. Der Vater war ein rücksichtsloser Unhold, der die Kinder und die Mutter tagsüber vernachlässigte. Er ging jeden Tag in die Arbeit, statt sich um die Familie und die vereinsamte Frau zu kümmern. Sein Gehalt von 6000€ Brutto reichte kaum, um die Bedürfnisse der armen Mutter zu befriedigen.

Glücklicherweise wohnte in der Nachbarschaft ein kluger und stattlicher Ritter, der tagsüber Zeit für die vernachlässigte Mutter fand. Er war Lehrer in einer Schule und hatte nachmittags frei. Endlich konnte sie sich mit Hilfe ihres Ritters verwirklichen, fühlte sich angenommen und war tagsüber nicht mehr einsam.

Dem Ehemann fiel manches auf, wenn er nach Hause kam. Seine Frau wollte auch nicht mehr, dass er sich zu ihr legte. Sie wies ihn ab und wollte sich nicht einmal mehr berühren lassen. Die Kinder redeten immer öfter vom Onkel Norbert.

Eines Tages informierte die Frau ihren noch Ehemann, dass sie sich scheiden lassen will. Sie zog mit den Kindern zu ihrem Ritter Norbert. Eine weise Richterin und das Jugendamt hatten der Mutter das Sorgerecht für die vier Kinder zugesprochen.

Die Geldsorgen plagten die arme Mutter nun noch mehr. Der frühere Ehemann lebte in Saus und Braus und musste einen geringen Obolus abgeben.

Ende des Märchens, das uns von dem öffentlich-rechtlichen Staatsfernsehen ständig vorgegaukelt wird. Die Handlung und das Geschehen sind jedoch wahr und bei Bekannten so passiert.

Die Düsseldorfer Tabelle zeigt auf, was Väter zu zahlen haben. Einem erwerbstätigen Unterhaltspflichtigen sollen monatlich 1.450 EUR bleiben. Hierin sind bis 520 EUR für Unterkunft einschließlich umlagefähiger Nebenkosten und Heizung (Warmmiete) enthalten. Ein Mann wird also nach der Scheidung auf ein absolutes Existenzminimum gesetzt

Der frühere Ehemann von dem Märchen muss das gekaufte Haus abzahlen, so dass er Schwierigkeiten hat, sich jeden Tag ausreichend zu ernähren. Er tut mir leid. Im Bekanntenkreis ist die Frau, welche monatelang beim Nachbarn im Bett lag und dabei die Kinder vernachlässige als das arme Opfer

Die Düsseldorfer Tabelle kann man im Internet einsehen. Mit den Zahlungen der geschiedenen Männer lebt es sich für die alleinerziehenden Mütter recht gut. Mit einem zusätzlichem Halbtagsjob bleibt mehr Geld zum Ausgeben als vor der Scheidung.

Die geschiedenen und unterhaltspflichtigen Männer haben kaum noch Geld zum Leben. Die Gründung einer neuen Familie ist meist ausgeschlossen.

Ich habe den ersten Teil dieses Kapitels als Märchen geschrieben. Es ist eines der ständig wiederholten Märchen, dass alleinstehende Frauen mit Kindern verarmen. Männer werden bei Scheidungen total ausgenommen. Falsche Behauptungen unseres öffentlich-rechtlichen Staatsfernsehen werden nicht durch ständiges Wiederholen wahr.

Viele Männer stehen für Familiengründungen in Deutschland nicht mehr zur Verfügung.

Das feministische Schulsystem

(https://www.aktionsrat-bildung.de/publikationen.html)

Unser Schulsystem produziert permanent und in hoher Zahl männliche Verlierer. Bereits im Kindergarten werden Mädchen bevorzugt und gefördert. In den Schulen werden Jungen stark benachteiligt. Sie müssen härter als Mädchen für gute Noten lernen. Im deutschen Bildungssystem wurden Männer in der Rolle der Lehrer oder Erzieher systematisch eliminiert.

Der Ratsvorsitzende und Präsident der Freien Universität Berlin sieht Jungen als die großen Verlierer unseres Bildungssystems. Die Schulen verstärken den Bildungs- und Leistungsrückstand der Jungen. In den ostdeutschen Ländern gibt es am meisten gescheiterte Jungen, welche ohne Bildungsabschluss die Schule verlassen.

Naja, es gibt ja heimelige Parteien, welche solchen gescheiterten Jungs eine Heimat bieten. Darf ich die These aufstellen, dass wir wesentlich weniger Probleme mit rechtsradikalen Parteien hätten, wenn die Jungen und Männer nicht seit Jahren in unserem Bildungssystem bewusst und systematisch ausgegrenzt und benachteiligt würden. Die rechtsradikalen Parteien könnten auch als eine Gegenbewegung auf die Benachteiligung von Männern in unserer Gesellschaft verstanden werden. Ich sehe diese Entwicklung mit Sorge.

Der Hallenser Bildungsforscher Jürgen Budde kommt zu dem Schluss, dass Jungen in allen Fächern bei gleicher Kompetenz schlechtere Noten bekommen als ihre Mitschülerinnen.

Laut Studienlage müssen Jungen bessere Noten haben als Mädchen, um für den Übertritt ins Gymnasium empfohlen zu werden. Jungen werden bei gleicher Leistung deutlich schlechter behandelt und schlechter benotet.

Viele Lehrerinnen verhindern erfolgreich den Übertritt von Jungen ins Gymnasium aus Gründen der Geschlechtergerechtigkeit, Frauenpower und gelebtem Feminismus.

Junge Männer sind aufgrund fehlender Schulabschlüsse häufiger arbeitslos als junge Frauen. Dies wird inzwischen zu einem gesellschaftlichen Problem. In der Wirtschaft fehlen die Ingenieure und Fachkräfte.

Laut dem Dortmunder Bildungsforscher Wilfried Bos sind Männer nicht dümmer, sondern werden nicht gefördert.

In mehreren Zeitungen habe ich die letzten Jahre Artikel gelesen, dass Jungen aufgrund der fehlenden männlichen Vorbilder Schwierigkeiten haben, eine ausgereifte Geschlechtsidentität zu bilden. Es wird vermutet, dass dies mit ein Grund für die stetig steigende Homosexualität der Männer sein kann.

Hinweis:
Studienergebnisse können im Jahresgutachtens des Aktionsrats Bildung unter dem Titel "Geschlechterdifferenzen im Bildungssystem nachgelesen werden. Zum Aktionsrat gehören neben FU-Präsident Lenzen und Wilfried Bos noch einige weitere namhafte Bildungsforscher, darunter der Koordinator der deutschen Pisa-Studie Manfred Prenzel.

Ferner will ich auf einen Artikel des Magazins Stern (siehe Verweis auf der Seite „Informationen – Nachlese" verweisen.

Ärztemangel?

Die Auswirkungen der Benachteiligung von Jungen im Schulsystem will ich an dem Beispiel der Ärzte aufzeigen:

Zwei Drittel der Studienanfänger im Fach Medizin sind Frauen. Im Jahr 2022 waren erstmals 50% aller Ärzte und Psychotherapeuten Frauen. Dieser Anteil steigt jährlich um 1 % an. Der Anteil der weiblichen Ärzte in den jüngeren Altersgruppen. Laut Bundesärztekammer gab es Ende 2023 428500 Ärzte in Deutschland. Die Anzahl der Ärzte hat sich seit 1990 um 65% erhöht. Es gibt also keinen Ärztemangel. Die Anzahl der Praxen hat sich seit 2007 von 92213 auf 79049 verringert.

Ärztinnen wollen vorwiegend in Teilzeit arbeiten. Da der Frauenanteil bei den Ärzten stark zunimmt, reduziert sich die Anzahl der gearbeiteten Arztstunden insgesamt. Die Behandlungszeit pro Patienten sinkt ebenfalls kontinuierlich.

Eine Lösung wäre ein Gleichstellungsgesetz, das Männern einen fairen Zugang zum Arztstudium ermöglicht. Stattdessen wird der hohe Frauenanteil als ein Zeichen der Diskriminierung von Frauen gesehen. Frauen werden in schlecht bezahlte Berufe wie dem Arztberuf abgeschoben. Ich verstehe diese Argumentation nicht, denn im Ärztinnen gehören zu den Topverdienern in Deutschland.

Angestellte Ärzte verdienen im Durchschnitt 7.621 € brutto pro Monat. Die Teilzeit ist dabei nicht herausgerechnet. Selbstständige Fachärzte liegen bei ca. 300 000 € zu versteuerndem Einkommen pro Jahr. Ärzte sind nach wie vor in der Spitzenverdiener Gruppe.

Es wird also krass gelogen und die wahren Gründe für den sogenannten Ärztemangel verschleiert.

Lebenserwartung:

Studien haben ergeben, dass die Lebenserwartung in Verbindung mit dem Bildungsabschluss ist. Männer leben in Deutschland rund fünf Jahre kürzer als Frauen. Ein Einflussfaktor scheint die Benachteiligung von Jungen in unserem Bildungssystem zu sein. Dadurch ist das Bildungsniveau von Männern sowie das Einkommen (Vollzeit) geringer.

Die Lebenserwartung ist auch mit dem Einkommen verknüpft. Frauen in Teilzeit (Erzieher, Lehrerinnen, Ärzte) verdienen in vielen Berufen so viel wie Männer in Vollzeit (Handwerker). Die Frauen haben also gleich oder höhere Einkommen, durch die Teilzeit aber mehr Zeit für sich.

In der DDR war die Lebenserwartung von Mann und Frau ungefähr gleich. Die unterschiedliche Lebenserwartung is also kein geschlechtsspezifisches Merkmal, sondern den Bedingungen in unserer Gesellschaft geschuldet.

Der Alkohol und Drogenkonsum, die hohe Selbstmordrate von Jungen, die Diskriminierung im Schulsystem, die schlechtere Versorgung im Krankheitsfall dürften einige der Gründe für die niedrigere Lebenserwartung der Männer sein.

Im Mittelalter war die Lebenserwartung von Männern und Frauen in etwas bei 30 Jahren und gleich. Die Frauen Sterblichkeit bei den Geburten war hoch. Die Arbeit der Männer reduzierte deren Lebenserwartung. Durch diese unterschiedlichen Faktoren ergab sich für beide Geschlechter eine ungefähr gleich hohe Lebenserwartung.

Die Mogelpresse

Mogelpresse:

Der Begriff Lügenpresse ist historisch sehr negativ belegt. Deshalb will ich den Begriff „Mogelpresse" nützen. Mogeln ist auch anders als Lügen. Eine Moglerin ist klug und es wird ihr nicht die Boshaftigkeit wie einer Lügnerin unterstellt. In den öffentlich-rechtlichen Anstalten gibt es bestimmt auch redliche Menschen, welche sich Mühe geben, korrekt und wahr zu berichten. Das öffentliche Fernsehen erfüllt seine neutrale Aufgabe nicht mehr. Die Berichterstattung ist parteiisch und männerfeindlich. Alles wir unter einem engen feministischen und linken Blickwinkel gesehen und berichtet. Vielleicht sollten wir den Begriff Erziehungspresse oder Schmalspurpresse benützen?

Beispiel Krimis und Filme
Anhand der deutschen Krimis und Filme möchte ich die Manipulation in unserem öffentlichen rechtlichen Fernsehen aufzeigen. Die öffentlich-rechtlichen Anstalten manipulieren unser Bild der Gesellschaft und besonders das Bild der Männer. Diese werden als schlecht, Trinker, gefühlsarm und kriminell dargestellt.

Bei den deutschen Krimis sind die Täter nahezu immer Männer und vorwiegend gierige Unternehmer oder Ehemänner, welche fremd gehen und morden. In den meisten Filmen gibt es ein homosexuelles Paar, welches gut und edel ist. Homosexuelle werden empathisch und intelligent dargestellt. Teilweise wird die homosexuelle Rolle so verkrampft in Filme eingefügt, dass der ganze Film leidet.

In einigen Krimis werden männliche Säufer als Kommissare präsentiert. Frauen sind vorwiegend Opfer und werden teilweise vor dem Mord missbraucht worden. Die männlichen Kommissare werden im Vergleich zu den weiblichen Kommissaren oft unsympathisch oder unintelligent dargestellt.

Früher habe ich gerne unsere deutschen Krimis angesehen. Wenn ich den „Alten" schaute, dann hatte ich den Eindruck ein wenig Einblick in eine andere, interessante Welt zu bekommen. Es war auch interessant, wie die Kommissare mit Scharfsinn ermittelten.

Heute sind die neueren deutschen Krimis mit einer dünnen, dummen und unrealistischen Handlung zu Erziehungsfilmen für Erwachsene verkommen.

Folgende Klischees werden beständig bedient:
Der gemeine, kriminelle und gierige Unternehmer.
Die unterbezahlte, aber sehr engagierte Beamtin
Der männliche Beamte ist oft Alki oder dümmlich
Die kluge umsichtige Beamtin, meist Chefin
Ein gleichgeschlechtliches sympathisches Paar
Ein fremdgehender unsympathischer Ehemann als Täter
Der brutale Zuhälter oder Schläger

Wir haben spaßhalber der letzten Krimis aufmerksam beobachtet und die obigen Klischees sind sehr präsent.

Der gierige Unternehmer:
Unternehmer werden im deutschen Fernsehen generell als rücksichtslos und habgierig dargestellt. Wären sie nicht habgierig, dann wären gute und brave Bürgergeldempfänger aus ihnen geworden.

Ohne Unternehmer gibt es in Deutschland keinen Wohlstand und keine Weiterentwicklung. Meine Erfahrung ist, dass Unternehmer äußerst fair und zielstrebig sind. Das verdiente Geld spielt bei vielen Unternehmern eine untergeordnete Rolle, sonst würden sie nicht mehr in Deutschland produzieren. Es ist Altruismus in einem Land wie Deutschland ein Unternehmer zu sein.

Wir haben keinen Bill Gates, keine Musk und keine wirklich reichen Menschen in Deutschland. Letztes Jahr haben ca. 130 000 Millionäre Deutschland verlassen. Die Gründe sind nicht nur die hohen Steuern und die Bürokratie. Gründe sind auch das Kesseltreiben gegen jeden, der arbeitet und Arbeitsplätze schafft.

Der „arme" Beamte:
Ich frage Patienten, was eine Gymnasium Lehrerin verdient. Die meisten nennen 2500 Euro netto. In Wirklichkeit verdienen Gymnasium Lehrerinnen ca. 4000 – 5000 Euro netto.

	Beamtete Lehrerin	Angestellter Lehrer
Brutto **gleich viel**	5905 €	5905 €
Netto **ungleich**	5028 €	4073 €
Unterschied in 40 Berufsjahren		**+ 480 000 €**

Vergleichen wir eine beamtete Lehrerin und einen angestellten Lehrer:

Laut Google verdient eine beamtete Lehrerin in Vollzeit ungefähr so viel wie eine angestellte Lehrerin.
Brutto 5905 € (A14, zwei Kinder) und Netto 5028 €

Davon muss die Beamtin die private Krankenkasse mit ca. 280 € monatlich bezahlt.

Eine beamtete Lehrerin erhält also rund 1000 € netto mehr Gehalt, denn sie bekommt das ganze Berufsleben lang die Beträge für die Sozialversicherungen ausbezahlt. Bei vierzig Jahren Berufstätigkeit erhält also die Beamtin ca. 480 000 € mehr ausbezahlt als der Angestellte. (Inflation und Gehaltserhöhungen nicht einberechnet)

Die Beamtin erhält eine Pension von ca. 3800 - 5000 € während der Angestellter eine Rente von ca. 2000 € also rund die Hälfte der Beamtin bekommt. Dafür haben pensionierte Beamte auch aufgrund der besseren Krankenkasse eine um fünf Jahre höhere Lebenserwartung als Rentner. Beamte gehen wesentlich früher in Pension als Rentner.

Es ist eine schräge Manipulation in nahezu jedem Krimi, auf der Platte des armen Beamten zu spielen. Da die Beamten ständig hören, dass sie zu wenig verdienen, sind sie sehr unzufrieden.

Auch sogenannte **Fakten Checker wie CORRECTIV** haben die Pensionen von Beamten mit Rentnern verglichen. Dabei wurde angenommen, dass die Rentner ihr Leben lang ja ansparen können. Angestellte verdienen also netto weniger als Beamte, welche jeden Monat den Beitrag für die Sozialversicherung ausbezahlt bekommen. Mit dem geringeren Nettolohn sollen die Angestellten sparen, um im Rentenalter denselben Lebensstandard wie Beamte zu haben. Solche Vergleiche werden oft veröffentlicht, um die Bevölkerung einzulullen und durch falsche Informationen, die soziale Ungerechtigkeit zu verschleiern. Die „CORRECTIV" waren danach für mich unglaubwürdig.

Wird eine fiktive Rücklage errechnet, um den Wert einer Pension zu ermitteln, so **sind Beamte vielfache Millionäre.** Diesen Adel und diese beamteten und rundum versorgten Millionäre der neuen Zeit könnte man durchaus auch an den Kosten des Sozialstaates beteiligen und zur Kasse bitten. Beamte könnten wie

Selbstständige behandelt werden. Die ausgezahlten Sozialbeiträge können Beamte sparen. Die Vorschläge, auf Streichung der Pensionen mögen daher verständlich erscheinen.

Wir brauchen eine funktionsfähige Verwaltung und Beamte. Wir können dankbar sein, dass unsere Beamten nicht korrupt sind, sich bemühen die komplexen und bescheuerten Gesetze umzusetzen und unser Land und unsere Sicherheit verteidigen. Die soziale Schieflage durch die Beamtenprivilegien gehört nichts desto korrigiert.

Gewaltenteilung:
Das Prinzip der Gewaltenteilung ist in Artikel 20 Absatz 2 Satz 2 des Grundgesetzes verankert. Danach wird die Staatsgewalt vom Volk in Wahlen und Abstimmungen und durch besondere Organe der Gesetzgebung (Legislative), der vollziehenden Gewalt (Exekutive) und der Rechtsprechung (Judikative) ausgeübt.

Durch die Förderung der Beamten wird die Gewaltenteilung fragwürdig. Im Parlament ist der Anteil der Beamten und Bediensteten der öffentlichen Verwaltung überproportional hoch. Den Unternehmern, Selbstständigen, Angestellten und Arbeitern hat man den Zugang zu den Parlamenten per Gesetz erschwert. Stattdessen werden die Beamten bevorzugt. Beamte dominieren alle drei Organe der Gewaltenteilung. Dies entspricht nicht dem Gedanken und Prinzipien der Gewaltenteilung.

Bürgergeldempfänger:

In den Krimis werden oft arme Menschen gezeigt. Amüsant sind die Vergleiche von Bürgergeldempfängern und Normalverdiener, wenn man die „sogenannten objektiven" Berechnungen von Instituten überprüft.

Die Bürgergeldempfänger bekommen auch in Großstädten wie München günstige Sozialwohnungen. Der Staat zahlt die Mieten und die Nebenkosten beim Bürgergeldempfänger. Der Normalverdiener kann sich die Mieten in der Stadt nicht mehr leisten, muss in die Peripherie ziehen und hat oft einen Arbeitsweg von einer Stunde und länger.

Der Bürgergeldempfänger bekommt eine Sozialwohnung zum Preis von 6-8 Euro pro qm innerhalb, während der Normalverdiener 12 – 15 Euro pro qm außerhalb, also etwa das doppelte bezahlt. Die Miete wird aber in den Vergleichen der Institute als gleich hoch angenommen, so dass sich ein geringer Vorteil für den Normalverdiener errechnet.
Werden reale Mietpreise angesetzt, so hat der Bürgergeld Empfänger ohne Arbeit mehr Geld zum Ausgeben.

Laut Wirtschaftswoche arbeiten 22 – 25 % der Bürgergeldempfänger schwarz dazu. Ein Bekannter von mir, der Helmer arbeitet Freitagnachmittag und Samstagvormittag in der Autowäsche für 800 Euro schwarz. Ein anderer Bekannter der Yildirim betreibt ein Café, das auf seinen Bruder läuft. Eine andere Bekannte, die Birgit vermietet Zimmer in ihrem Haus gegen Barzahlung. Alle drei nehmen das Geld vom Sozialamt als gutes Zubrot. Warum bringt das Fernsehen solche Fälle nicht? Ist es wirklich nötig, so offensichtlich einseitig im öffentlich-rechtlichen Rundfunk zu berichten. Die links angehauchten Institute, welche falsche Berechnungen veröffentlichen, werden auch noch von der Allgemeinheit bezahlt und vom Staat gefördert. Die offensichtlichen Manipulationen der Bevölkerung haben den Begriff „Mogelpresse" kreiert und einen Vertrauensverlust generiert. Vertrauen ist wichtig in einer offenen und demokratischen Gesellschaft.

Bei einer ausgewogenen und korrekten Berichterstattung müsste man auch die Bürgergeldempfänger, welche nicht arbeiten wollen oder können und diejenigen, welche schwarz dazu verdienen in Beiträgen bringen. Das Bürgergeld hat einen sehr geringen Abstand zu dem Mindestlohnverdiener. Da der Mindestlohnverdiener Steuern, Miete und Nebenkosten zahlen muss, tritt oft der Fall ein, dass sich der Bürgergeldempfänger eine geregelte Arbeit nicht leisten kann. Insbesondere, wenn der Bürgergeldempfänger schwarz dazu verdient, rechnet sich eine sozialversicherungspflichtige Arbeit nicht.

Durch die hohe Belastung der unteren Einkommen und die ständig steigenden Sozialversicherungen können die unteren und mittleren Einkommensschichten keine Wohnungen kaufen, kein Geld fürs Alter sparen und bleiben als verlängertes Rückgrat der Gesellschaft abgehängt. Der Staat nimmt die kleinen Leute aus.

Dies führt zur Unzufriedenheit und zu Verwerfungen in der Gesellschaft.

Das gleichgeschlechtliche Paar:
Laut Google sind ca. 3 % der Bevölkerung gleichgeschlechtlich. Ist es wirklich sinnvoll, wenn nun aus Gründen der „Woke" Gerechtigkeit in nahezu jedem Film ein gleichgeschlechtliches sympathisches Paar gezeigt wird. Dieses Paar wird in der Regel überzeichnet und als Vorbild gezeigt. Sollen wir nun alle gleichgeschlechtlich werden?

Ich sehe es mit Erstaunen, dass in vielen Kinderbüchern und Schulbüchern die gleichgeschlechtliche Beziehung als die bessere, vorbildliche und einzig richtige Art zu leben, dargestellt wird.

Menschen in gleichgeschlechtlichen Beziehungen sollen toleriert und akzeptiert werden. Sie sollen keinerlei Nachteile im Leben durch ihre Neigung erfahren. Meine Erfahrung mit schwulen Männern und Frauen sind sehr positiv. Ich habe bisher von keinerlei Benachteiligung, bösen Worten oder Problemen gehört. Eine Ausnahme sind muslimische Kreise, in welchen schwule Männer verachtet werden.

Als meine Tochter in Berlin studierte, wurde sie öfter enttäuscht. Heterosexuelle Männer outeten sich aufgrund des sozialen Drucks als schwul. Sie wollten auch dazu gehören. Diese Männer kommen für Partnerschaften nicht mehr in Frage.

Image eines heterosexuellen Mannes im öffentlich –rechtlichen Fernsehen

Eine liebe Freundin wohnte ebenfalls einige Jahre in Berlin. Sie lebte in einem Freundeskreis von emanzipierten, selbstbewussten und teilweise gleichgeschlechtlichen Frauen. Die meisten Frauen in diesem Kreis waren bei einer kosmopolitisch orientierten Frauenzeitung angestellt. Als unsere Freundin, von Beruf Künstlerin, einen Mann kennenlernte, heiratete und Familie gründete wurde sie aus dem Freundinnenkreis ausgeschlossen.

Sie erzählte mir, dass die meisten Frauen in diesem Kreis völlig beziehungsunfähig waren: „Sie schreiben sogar Ratgeber über Beziehungen, obwohl die keine Ahnung haben. In ihren eigenen Leben gibt es Chaos und viel Verlust, denn sie können keine längerfristigen Bindungen halten."

Ich habe mir die Zeitung gekauft und gelesen. Man konnte lernen, wie man sich trennen kann, wie man sich gegen einen Mann durchsetzen kann, wie der Geschlechterkampf in der Ehe zu gewinnen ist. Leider fand ich keinen lesenswerten Artikel, wie man eine Beziehung langfristig und glücklich führen kann.

Die Autorinnen von Frauenzeitungen haben viel Macht und können ebenfalls die Meinung und das Verständnis von Frauen zu Männern negativ beeinflussen. Dass diese Frauen selbst in ihrem privaten Leben gescheitert sind ist traurig. Es zeigt aber auch, dass die Ratschläge und vermittelten Meinungen falsch sind.

Die Presse, die Frauenzeitungen als auch unsere öffentlich-rechtlichen Anstalten manipulieren die Meinungen zuungunsten der Jungen und Männer.

Beifall bei Gesprächsrunden und mehr

Mein Freund der Wolfgang ist ein Lehrer. Er besuchte mit seiner Schulklasse Berlin. Sie waren bei einer Diskussionsrunde dabei. Neben ihm saß ein Klatscher, der jedes Mal, wenn einer der Linken, roten oder grünen Partei einen Beitrag leistete überschwänglich klatschte. Bei ADF und CDU gab er Buhrufe von sich. Wolfgang forderte ihn auf leiser zu sein. Er meinte, dass er ein bezahlter Komparse ist und das Fernsehen ihn für die Parteinahme zahle.

Nun Feb 2025 kurz vor einer vorgezogenen Wahl gibt es einen Skandal beim ZDF, denn die Zuschauer waren spezielle links angehauchte und entsprechend ausgesucht. In derselben Woche wurden bei „Hart aber Fair" geschönte und manipulierte Diagramme gezeigt.

Nach Corona wurde das Verhalten der öffentlich-rechtlichen Anstalten untersucht. Laut Studie brachte das Fernsehen keine Unwahrheiten, aber zeichnete sich durch eine einseitige Berichterstattung aus. Wichtige Tatsachen, wie Nebenwirkung der Impfung, wurden nicht gesendet.

Ein Nachrichtensprecher ging kürzlich in Rente. In seinem Buch beschreibt er, dass die Mitglieder des Entscheidungskomitees stark links waren. Berichte wurden unter diesem Blickwinkel ausgewählt und andere wichtiger Information wurde nicht gesendet.

Ich möchte mich dem Begriff „Lügenpresse" nicht anschließen. Ich bin allerdings sehr ernüchtert, was die Objektivität unseres öffentlich-rechtlichen Staatsfernsehen angeht. Eine ausgewogenere und fairere Berichterstattung wäre bei unserem Staatsfernsehen wichtig.

Schlusswort

Klappe vom Notebook zu, ein eigenartiges Buch ist entstanden. Dieses Buch beschreibt einseitig meine Erfahrungen als WOMMU. Beim Nachlesen von Fakten habe ich viel gelernt. Mir war die Benachteiligung und Diskriminierung von Jungen in der Schule genauso wenig bekannt wie die hohe Selbstmordrate.

Dass unser öffentlich-rechtliches Staatsfernsehen so extrem manipuliert, hat mich schockiert. Erst durch die Research und Information vor der Wahl 2025 ist mir das Ausmaß aufgefallen.,

Ich mache mir keine Illusion, was die Verbreitung dieses Buches anbelangt. In den Verlagen entscheiden Frauen, die Bücher, welche nicht in ein feministisches Weltbild passen, sofort ablehnen. Die Lektoren sind fast ausschließlich weiblich. Das Buch wurde von einigen Lektorinnen aufgrund des Inhaltes abgelehnt. Sie wollten so ein Buch nicht korrigieren. Zeitschriften werden sich hüten, dieses Buch weiter zu empfehlen. Ein Shit-Storm würde über die Zeitung hereinbrechen. Hier beginnt für mich eine reale und wirkliche Zensur in Deutschland. Ich sehe eine krasse Einengung der Meinungsfreiheit und des Blickwinkels.

Die penetrante Berieselung und Erziehung in unserem Staatsfernsehen werden immer offensichtlicher. Menschen, welche in der früheren DDR lebten, empfinden die ständige Manipulation der sogenannten Mogelpresse als Beginn von DDR2. Das unterschiedliche Wahlverhalten in den neuen Bundesländern zeigt die Ablehnung von DDR2 in den neuen Bundesländern. Als ich Fakten zu der Manipulation im Internet und in Zeitungsartikeln von seriösen Blättern fand, war ich enttäuscht und entsetzt.

In den neuen Bundesländern ist der Anteil von Männern ohne Schulabschluss, ohne Job und ohne Zukunft am größten. Diese Benachteiligung von Männern beeinflusst das Wahlverhalten sowie die Zugehörigkeit zu Parteien und gefährdet unserer Demokratie.

Es gibt Frauen in Deutschland, welche eine Familie gründen wollen und heute vor vielen Hindernissen stehen. Zunächst muss ein Mann gefunden werden, der dieses Risiko und bei einer Trennung, die damit verbundenen Benachteiligungen überhaupt noch auf sich nimmt.

Viele junge Männer haben massive Probleme, sich als Mann anzunehmen, zu akzeptieren und fallen als Partner für eine Familiengründung ebenfalls aus. Ein erheblicher Teil der Männer kommt für Familie aufgrund des Alkoholkonsums und der fehlenden Bildung nicht in Frage. Viele jungen Frauen sind sehr gut ausgebildet, klug, sehr besonnen und suchen bewusst nach einem passenden Partner fürs Leben. Wenn es aufgrund der Diskriminierung von Männern in unserem Bildungssystem keine gleichwertigen Partner für gut ausgebildete Frauen gibt, dann gibt es auch keine Familie und keine Kinder.

Die Akzeptanz beider Geschlechter ist wichtig für den Erhalt unserer Freiheit, unserer Demokratie und unserer psychischen Gesundheit.

Berechnung der Gleichstellung

Gleichberechtigungsberechnung in einer typischen Kommune

Abteilung	Anzahl Mitar- beiter	Weib.	Männ.	Niedrigst. Wert	%
Museum	8	8	0	0	0
Museumsleitung	2	2	0	0	0
Bauhof	22	0	34	0	0,0
Verwaltung	89	73	16	16	0,4
Abteilungsleiter Verwaltung	8	7	1	1	0,3
Müllabfuhr	27	0	27	0	0,0
Kindergarten	22	22	0	0	0,0
Grundschule	54	49	5	5	0,2
Real/Gymn.	69	45	24	24	0,7
Volkshoch- schule	9	8	1	1	0,2
Öffentlicher Verkehr	65	3	62	3	0,1
Summe	**375**	**217**	**170**	**50**	**0,27**
Score	Summe der Niedrigsten Werte/Summe Personal in % *2 ergibt 0,27 in diesem Beispiel.				

In obigem Beispiel hat die Kommune also 27 Punkte von 100 möglichen Punkten erreicht. Die Gleichstellung ist zu 27% gelungen. Wären alle Jobs oben mit 50% Frauen und 50% Männern besetzt, dann ergäbe sich ein Gesamtwert von 100 %.

Es ist kein gutes Ergebnis, aber sehr typisch für die Arbeit von Gleichstellungsbeauftragten.

Die Gleichstellungsbeauftragte der Stadt wird vermutlich die hohen Anzahl weiblicher Verwaltungsangestellten als Gleichberechtigung feiern. In Wirklichkeit sieht man eine starke Trennung der Berufe nach Geschlecht.

Vergleicht man diese sogenannte Gleichberechtigung mit früheren Zahlen, so ergibt sich trotz der teuren Bemühungen der letzten Jahre kaum eine Verbesserung.

Dieses Berechnungsschema sollte auf alle Kommunen jährlich angewendet werden. Dann würde sich zeigen, dass das Gleichstellungsgesetz negativste Auswirkungen hat. Ferner lässt sich damit der Fortschritt bei der Gleichberechtigung in einer Kommune messen.

Würde man die Teilzeit noch hinzunehmen verschlechtert sich das Bild weiter. Auch die Teilzeit sollte den Männern und Frauen zu gleichen Teilen gewährt werden. Teilzeitanträge von Männern werden in den Ämtern oft nicht genehmigt.

Informationen – Nachlese

Die Information in den folgenden Homepages finde ich interessant. Einige Fakten in diesem Buch habe ich diesen Homepages entnommen. Ich übernehme keine Gewähr, dass alle Informationen auf diesen Homepages korrekt sind.

Das Schulsystem benachteiligt Jungen:
https://www.spiegel.de/lebenundlernen/schule/geschlechter-studie-schulen-benachteiligen-jungen-massiv-a-612997.html
Was ist Stealthing: www.brak.de
Gleichberechtigung   WWW.Plan.de
Vergleich männliche versus weibliche Prostituierte:
www.Kaufmich.de
Prostitution in Kenia: www.daraja.at:
Medikamentenerprobung: www.vfa.de:
Missbrauch von Jungen www.gegen-missbrauch.de
Vorgetäuschte Vergewaltigung: https://www.kriminalpolizei.de/ausgaben/2012/september/detailansicht-september/artikel/vergewaltigt-oder-vorgetaeuscht.html
Sexuelle Gewalt und Prostitution: (Sexuelle) Gewalt- und Tötungskriminalität im forensischen Kontext:
Greuel, Luise; Petermann, Axel; Boeticher, Axel (Hrsg.)
Düsseldorfer Tabelle: *https://www.finanztip.de/duesseldorfer-tabelle/*